계획이
다 있었던
남자,
봉준호

계획이
다 있었던
남자,
봉준호

초판 1쇄 인쇄 | 2020년 4월 22일
초판 1쇄 발행 | 2020년 4월 29일

지은이 | 이형석
펴낸이 | 박영욱
펴낸곳 | 북오션

편 집 | 이상모
마케팅 | 최석진
디자인 | 서정희 · 민영선

주 소 | 서울시 마포구 월드컵로 14길 62
이메일 | bookocean@naver.com
네이버포스트 | post.naver.com/bookocean
페이스북 | facebook.com/bookocean.book
인스타그램 | instagram.com/bookocean777
전 화 | 편집문의: 02-325-9172   영업문의: 02-322-6709
팩 스 | 02-3143-3964

출판신고번호 | 제313-2007-000197호

ISBN 978-89-6799-536-2 (03680)

이 도서의 국립중앙도서관 출판예정도서목록(CIP)은 서지정보유통지원시스템
홈페이지(http://seoji.nl.go.kr)와 국가자료공동목록시스템
(http://www.nl.go.kr/kolisnet)에서 이용하실 수 있습니다.
(CIP제어번호: CIP2020012849)

이형석 지음

계획이 다 있었던 남자, 봉준호

북오션

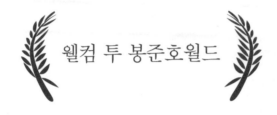

웰컴 투 봉준호월드

여기는 봉준호 감독의 영화로 만든 테마파크 '봉준호월드'다.

〈살인의 추억〉 존엔 노란색 폴리스라인이 쳐진 1980년대 농촌의 들판이 펼쳐져 있다. 이곳에선 현장 검증 나온 부실한 형사에게 분노의 이단옆차기를 하는 체험을 제공한다. TV에선 〈수사반장〉의 테마곡이 흘러나오고 라디오에선 유재하의 〈우울한 편지〉가 울려 퍼지는 연쇄살인범

취조실 관람코스도 있다. 이곳 푸드코트에서 짜장면을 사 먹을 수 있다. 2020년 메뉴에 짜파구리 추가. 비오는 어두운 밤, 논길을 홀로 걷는, 오싹한 공포 체험도 있다. 당신의 뒤를 노리는 스태프를 조심하라.

한강의 괴수와 추격전을 벌여보는 〈괴물〉 체험존도 마련돼 있다. 무기는 활과 총, 화염병 중 택일. 3D 입체 버전과 가상·증강현실 버전으로 나뉜다. 유니버설스튜디오 〈해리포터〉 존의 코딱지맛, 지렁이맛 젤리빈을 기억하는 관람객이라면 〈설국열차〉 존에서 파는 바퀴벌레맛 연양갱을 놓치지 않으시길 바란다. 〈설국열차〉 존의 마지막 코스는 봉준호월드가 추천하는 롤러코스터다. 꼬리 칸의 반란군과 윌포드 인더스트리 정규군 사이에 대격투가 벌어지는 가운데, 롤러코스터는 한 치 앞도 안 보이는 터널을 통과해 질주한다.

〈기생충〉 존의 '패러사이트 어드벤처'는 디즈니랜드에서도, 유니버설스튜디오에서도 만날 수 없는, 세계 유일의, 봉준호월드만의 자랑거리다. '방탈출 카페'로부터 영감을 얻은 이 어드벤처는 3단계로 구성된다. 첫 번째 스테이지는 지하방공호. 박 사장 가족의 눈을 피해 아이템을 공급받고, 모스부호를 보내 구조를 요청하라. '미션 클리어'하면 두 번째 스테이지 기택네 반지하 셋방으로 이동한다. 〈해리포터〉에 '마법사의 돌'이 있다면 〈기생충〉에는 기우의 돌, 행운과 재물을 가져다준다는 산수경석이 있다. 피자박스의 비밀을 풀어 수석과 대학졸업장을 얻으면, 당신은 드디어 세 번째 스테이지, '남궁현자의 집'으로 진입한다. 단, 문 앞 벨을 누르기 전 암호 외는 것을 잊지 말도록. '제시카는 외동딸, 일리노이 시카고, 과 선배는 김진모, 그는 네 사촌.' 한 자라도, 음정 하나라도 틀리면 '게임 오버'.

우스운 몽상과 함께 원고가 끝났다. 아닌 게 아니라, 롤러코스터와 가상현실 체험의 여운 속에서 '봉준호'라는 테마파크를 막 빠져나온 듯한 기분이다. 〈해리포터〉의 호

그와트성을 뒤로 하고 유니버설스튜디오를 나선 것처럼, 내 뒤에는 '남궁현자의 집'이 버티고 서 있을 것도 같다. 테마파크 체험처럼, 글을 쓰는 동안 즐거웠다.

나는 〈살인의 추억〉이 개봉한 2003년부터 10여 년 동안 영화 담당 기자였다. 〈살인의 추억〉은 내가 영화 담당 기자로서 본 첫 영화다. 2004년엔 처음으로 칸국제영화제 취재를 갔다. 박찬욱 감독의 〈올드보이〉가 심사위원대상을 받았다. 많은 이들을 만났고, 많은 이벤트를 취재했지만, 봉준호, 박찬욱, 칸이라는 이름이 각별한 이유다. 송강호는 아마도 내가 영화 기자를 하면서 가장 자주, 많이 본 배우일 것이다.

그래서 봉 감독이 칸에서 황금종려상을 받을 때도, 아카데미상을 수상할 때도 감상이 더 특별했을 것이다. 언젠가 영화진흥위원회 의뢰로 아카데미 외국어 영화 부문에 출품할 한국영화를 선정하는 심사에 참여한 적이 있다. 아카데미 수상은 언감생심, 본선에 후보로나 올랐으면 좋겠다는 바람으로 숙고에 숙고를 거듭하고 다른 심사위원들과 함께 그해 개봉한 작품 중 한 편을 뽑아 올렸다. 물론 본선 진출은 무산됐다. 〈기생충〉의 아카데미 작품상 수상은 내게 더욱 비현실적이었다.

그렇게 LA 할리우드 돌비극장에 선 봉 감독이 십여 년 영화 기자 생활의 추억을 불러일으켰을 무렵, 북오션 박영욱 사장으로부터 집필을 제안받았다. 아카데미 수상 후 쏟아진, 봉 감독과 그의 영화에 대한 수많은 글과 기사, 방송과 다큐, 논평과 축하에 내가 더 뭘 보탤 수 있을까. 하지만 고민 한편으로 '나의 봉준호'를 기록에 남길 수 있게 됐다는 기대가 책을 쓰게 하는 힘이 됐다.

책을 다 쓰고 보니, 크게는 '사람 봉준호', '감독 봉준호', '영화 봉준호'에 대한 내 생각을 담은 글이 됐다. 그렇다고 이 책은 봉준호 평전도 아니고, 영화론도 아니고, 작품비평도 아니다. 봉준호라는 프리즘을 통해 내가 만난 세대, 시대, 세계에 관한 이야기에 더 가깝다. 봉준호가 살아온 얘기, 봉준호가 영화를 만들고 다루는 방식, 봉준호 영화가 그리는 세상에 관한 내 생각이다.

글 대부분은 오로지 내가 봉 감독을 만났던 기억과 인상, 그를 인터뷰하고 남겨 놓은 기사와 자료만을 바탕으로 적고자 했다. 글 속에 등장하는 다른 감독, 배우의 얘기도 마찬가지다. 다만 봉 감독의 전기적 사실은 일부 언론 매체와 다른 사람의 글을 참고했다. 그럴 경우 출처를 밝혀 놓았다.

봉 감독을 비롯해 영화를 취재하면서 참 멋진 사람과 작품을 많이 만났다. 그들 모두에게 고맙다.

2020년 3월. 이형석

차례

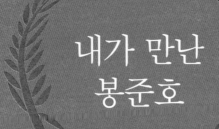

내가 만난
봉준호

# 어느 술자리에서 만난
지리멸렬하지 않은 감독들

"[긴급]'기생충' 작품상까지 4관왕… 92년 오스카 역사 새로 썼다"

휴대폰 속 짧은 한 줄의 속보와 함께 머리에 떠오른 것은 서른네 살 봉준호 감독의 얼굴이었다. 마치 〈살인의 추억〉의 마지막 장면, 송강호의 얼굴 같은 정면 클로즈업 숏. 파마머리는 지금 그대로, 아직 얼굴에 턱선이 살아 있었다. 지금보다 앳된 느낌이었을까? 그건 모르겠다. 분명한 건 오스카 무대에 오른 그에게서 압도하는 듯한 거장의 느낌이 뿜어져 나왔듯 당시에는 신인감독 특유의 팽팽함을 온몸에서 발산하고 있었다는 것이다. 적어도 내가 2003년 한 술자리에서 마주친 봉준호는 그랬다. 그 전에도 인터뷰 차 만났고, 그 후에도 이런 저런 공식, 비공식 자리에서 대면할 기회가 있었지만 왠지 봉준호 하면 마치 영화의 스틸 사진처럼 그때의 장면이 소환된다. 영화사 싸이더스가 〈살인의 추억〉 흥행 축하를 겸해 마련한 자리, 배우들과 감독들, 영화 관계자들이 들고나며 여기저기서 술잔을 부딪치던 어지러운 풍경 속에서 봉준호 감독에 초점이 고정돼 또렷이 인상이 남았다. 머릿속에서 재미있는 농담이 생각난 사람의 표정, 곧 무슨 장난이라도 벌일 것 같은 들뜬 봉준호 감독의 얼굴은 개구쟁이 같았다.

벌써 17년 전 일이다. 내 기억 속 봉준호의 '한 컷'을 다시 떠올린 것은 경북 영주 부석사 무량수전에 오르는 길에 그의 아카데미 수상소식을 처음 확인하고서였다. 2월 10일 월요일 오후였다. 나는 겨울휴가를 내고 아내, 아들과 함께 모처럼 여행에 나선 길이었다. 한국인으로서 응원하는 마음이었을까, 짧지만 인연이 있는 이들에 대한 관심이었을까. 10여 년간의 영화 담당을 관두고 다른 부서로 이동한지 벌써 6~7년이나 된 터였다. 지금은 정치 담당 기자로, 불현듯 겨울 휴가를 떠난 이유도 바빠지는 4월 총선 전에 가족과 시간을 보내자는 심산이었다.

봉황산 중턱에 자리한 부석사 무량수전의 위풍당당한 자태와 날렵한 곡선에 눈은 호강에 겨워하면서도 신경은 온통 〈기생충〉의 수상 여부에 쏠려 있었다. 천왕문에서 무량수전으로 향하며 몇 계단에 한 번씩은 휴대폰을 들었다 놨다 했다. 휴대폰으로 생중계를 볼 수 없으니 속보로 확인하는 방법밖에는 없었다. 이미 각본상과 국제영화상, 감독상까지 발표가 나온 상황. 드디어 '작품상 수상' 1보가 떴다. "기생충, 작품상!" 나는 부석사 경내에 있다는 사실도 잊고, 대웅전 앞에 있던 아내에게 외쳤다. 예불 중인 사람이 없었기에 망정이지 큰 욕을 먹을 뻔했다.

그날 저녁 여행지 숙소에서 TV로 녹화중계된 시상식을 봤다. 몇 번을 봐도 믿기지 않았다. 내가 만난 봉준호, 내가 보던 송강호, 내가 아는 곽신애가 아카데미 시상식 무대에 서 있는 풍경은 현실보다는 허구에 더 가까웠다. 차라리 영화라면 믿을 만했다.

지난해 칸 국제영화제 황금종려상 수상까지는 한국 영화로서 대단하긴 해도 신기한 일은 아니었다. 이미 박찬욱 감독이 〈올드보이〉로 2등상격인 심사위원대상(그랑프리)을 2004년에 받았기 때문이었다. 2007년 전도연이 이창동 감독 영화 〈밀양〉으로 여우주연상을 수상하고 2010년 이창동 감독이 〈시〉로 각본상을 받기도 했다. 그동안 한국 영화의 성취나 국제적 위상을 생각하면 최고상 수상자가 나올 때가 됐다고 할 만했다. 다만 그것이 이창동이나 박찬욱이 아니라 봉준호인 것은 의외였다. 봉준호 감독은 앞의 두 감독보다 '상업적'이고 '장르적'이라는 평이 객석과 평단 모두에서 지배적이었기 때문이었다. 더구나 봉준호 감독은 칸영화제에서의 '경력'이 이, 박 두 감독에 비해 '빈약'한 것도 사실이었다.

봉준호 감독의 첫 칸영화제 진입이 〈괴물〉이었는데 비공식 부문인 '감독주간' 부문이었고, 두 번째였던 〈마더〉는 비주류 부문이라 할 만한 '주목할 만한 시선' 부문이었다. 〈기생충〉의 전작인 〈옥자〉에 가서야 칸영화제 경쟁 부문에 처음 진출했다. 그마저도 〈옥자〉가 칸에 초청된 2017년의 봉준호는 찬사보다 논란의 대상이었다. TV 스트리밍업체인 넷플릭스가 제작한 영화였고, 전 세계에서 극장 개봉이 사실상 이뤄지기 어려운 상황이었기 때문이다. 프랑스를 비롯한 전 세계 극장주와 전통적인 영화의 옹호자들이 〈옥자〉의 칸영화제 진출을 거세게 반대했다.

당시 심사위원장인 페드로 알모도바르 감독이 영화제 개막 기자회견에서 "동영상 스트리밍 서비스 기반의 영화가 칸영화제에서 상을 받는다는 것은 나로서는 상상도 할 수 없는 일"이라고 하며 사실상 〈옥자〉에게 상을 주지 않겠다는 의지를 암시할 정도였다. 봉준호 감독은 이를 "나는 알모도바르 감독의 아주 오랜 팬이었다"며 "그 분이 내 영화에 대해 뭐라고 하시건 상관없다. 욕해도 좋다. 언급 자체가 영광"이라며 쿨하게 받아들이긴 했지만 말이다.

얘기 나온 김에 더하자면, 다른 영화제도 그렇지만 특히 칸은 '자기 사람'을 아끼는 경향이 있다. 될성부른 감독을 찍어서 무슨 상이라도 주고, 그 다음부터는 상의 수준을 저울질해가며 그 감독의 작품을 반드시 최우선순위로 칸 영화제에 출품하도록 '묶어두는' 전략이다. 칸이 베를린, 베니스보다 더 높은 권위를 유지하는 방식이다. 그래서 황금종려상은 항상 그렇지는 않지만, 칸에서 이전에 무슨 상이라도 받은 감독이 수상할 가능성이 높다. 특히 〈마더〉가 당연히 경쟁 부문에 초청되리라는 예상을 깨고 비주류 부문인 '주목할 만한 시선'으로 호출됐을 때는 칸이 봉 감독을 홀대하는 것이 아닌가 하는 얘기까지 국내외 영화계에서 나돌 정도였다. 반면 같은 해 박찬욱 감독은 〈박쥐〉로 경쟁 부문에 초청을 받았고, 심사위원상을 받았다.

만일 황금종려상 수상자가 한국 영화 중에서 나온다면 그것은 이미 경쟁 부문에서만 각각 두 번이나 수상하며 칸의 애정을 확인한 이창동이나 박찬욱 감독이 되리라 생각하지 않을 수 없었다.

그런 봉 감독이 칸 황금종려상에 이어 미국의 아카데미상까지 타다니. '외국어영화상' 정도가 아니라 '작품상'과 '감독상'까지 거머쥐었다니. 101년 한국 영화사(1919년 〈의리적 구토〉 기점)뿐 아니라 뤼미에르 형제가 영화를 발명(1892년 〈열차의 도착〉)한 지 약 125년 된 세계영화사 속에서도 기록될 만한 사건이었다. 그 의미야 이젠 온 국민이 구구절절 아는 얘기가 됐지만 말이다.

여하튼 내겐 낯설기 짝이 없는 경험이었다. 영화인과 영화 기자. 그렇게 개인적이라고도, 깊다고도 할 만한 인연은 아니지만 좁은 영화사 사무실에서도 보고, 여러 행사에서 오며 가며 수인사를 나누기도 하고, 술자리에서 실없는 수작을 나누기도 한 이들이었다. 봉 감독뿐 아니라 송강호나 곽신애 대표도 말이다. 동네 사람이 어느 날 국가적 '위인'이 돼서 떡하니 나타난 느낌이랄까.

생경했지만 그래서 더 반갑고 뿌듯했다. 봉 감독과 송강호는 내가 영화 기자를 하던 10여 년간 가장 자주 본 이들이기도 했거니와, 가장 좋아하는 감독과 배우이기도 했다. 그래서 봉 감독에게는 몇 년 전 책《B급, 대한민국을 습격하다》을 낼 때 추천사를 부탁하기도 했다. 박찬욱, 류승완 감독과 함께였다. 지금 생각하면 졸저이고 치기였지만 내가 좋아하는 감독, 한국 영화 최고수들에게 평을 받는 호사를 누리고 싶었다. 봉 감독은 메일로 무려 600자 넘는 글을 보내줬다. 요샛말로 '음성지원이 되는' 글이었다. 그의 육성으로 직접 듣는 듯 어투가 고스란히 살아 있는 글이었다. 뒤에 더 얘기하겠지만 그는 달변이고, 다변이며, 구체적이다. 화제만 있으면 특유의 자신만만하고, 전투적이며, 재기 넘치는 얘기를 하루 종일이라도 할 수 있다. 봉 감독 스스로도 잘 안다. 언젠가 그랬다.

"화두만 던져주세요. 토스만 해주세요. 토스 하나당 스파이크 오륙십 개씩은 할 수 있어요."

내게 봉 감독의 인상을 깊게 남긴 앞서의 첫 술자리 얘기를 좀 더 해보자. 지금은 한국 영화를 대표하는 감독들이 신인급으로서 누구는 조심스럽게, 누구는 자신만만하게, 누구는 도전적으로 앉아 있던 자리였으니 말이다. 또 '봉준호 세대'의 전성기를 예감 혹은 예고하는 자리였으니 말이다. 아마도 그 자리에서의 봉 감독의 모습이 내 뇌리에 남았던 것도 그 때문일 것이다.

당시 한국 영화의 가장 중요한 제작사 중 하나로 꼽히던 싸이더스의 흥행 축하연 자리였다. 2003년의 여름이나 가을쯤, 강남의 어느 대형 펍이었던 것으로 기억한다. 지금은 동국대학교 영상원 교수로 있는 차승재 당시 대표가 이끌던 싸이더스는 그해 초에 개봉한 장준환 감독의 〈지구를 지켜라〉가 흥행에 참패하면서 어려움을 겪었다. 그것을 반전시킨 것이 봉 감독의 두 번째 작품인 〈살인의 추억〉이었다. 봉 감독은 이미 같은 제작사에서 첫 작품 〈플란다스의 개〉을 내놓았지만 평단의 호평에도 불구하고 관객은 끌어모으지 못해 흥행 실패작으로 남고 말았다. 그런 봉 감독이 범인을 못 잡는 스릴러인 〈살인의 추억〉으로 사회적 반향까지 이끌어내며 대대적으로 성공했으니 싸이더스로선 경사였다. 거기에 더해 싸이더스는 장진영, 엄정화 주연의 〈싱글즈〉로 성공을 이어갔다.

　나는 영화 담당 기자가 된 지 몇 달 되지 않았을 때였다. 4월에 개봉한 〈살인의 추억〉이 내가 담당한 첫 영화나 마찬가지였다. 봉준호 감독을 처음 만난 것도 개봉을 즈음한 인터뷰 자리에서였고, 흥행 축하연에서는 두 번째 만남이었다. 내 맞은편 자리에는 배우 엄정화와 지금은 유명을 달리한 장진영이 맥주잔을 앞에 놓고 앉아 있었다. 〈싱글즈〉의 주연배우로서 참석한 것이었다. 옆자리엔 〈지구를 지켜라〉의 장준환 감독이 있었다. 그리고 술잔이 돌면서 배우들과 감독들이 이리 저리 자리를 옮기기 시작했고, 봉 감독과도 이런 저런 얘기를 나눴다. 이미 인터뷰를 해봐서 안면이 있던 장준환 감독과도 드문드문 대화를 나눴다. 봉, 장 감독과 함께 이 날 가장 인상에 남았던 이는 데뷔를 준비하고 있던 최동훈 감독이었다. 누군가가 "입봉(데뷔)을 준비하는 감독"이라며 소개해줬고, 최감독은 자리에 앉아 자신이 쓰고 있는 시나리오에 대해 말했다. "한국은행을 터는 영화"라고 했다. 신인 감독으로서 조심스러워하기는 했지만, 봉 감독만큼이나 말을 재미있게 했다. 배우 박신양을 주연으로 섭외하고 있다는 얘기도 했던 것 같다. 그 작품이 이듬해 4월 개봉한 〈범죄의 재구성〉이었다. 〈지구를 지켜라〉로 대단한 호평과 참담한 흥행 실패를 동시에 맛본 장준환 감독은 후에 〈화이〉, 〈1987〉을 연출했다. 문소리의 남편이 되기도 했다.

어딘가 압도적인 기운을 내뿜는 달변의 봉준호, 왠지 어리숙해 보이지만 불현듯 깜짝 놀랠 일을 할 것 같은 장준환, 사람들 모아 좌판 깔 것만같이 입담 좋은 이야기꾼 최동훈.

결국 한국 영화 최고의 스타 감독이 된 이들에게 그때부터 관심을 가졌던 이유가 내가 영화를 보는 눈이 밝아서는 아니었다. 이들에게는 한국 아카데미에서 영화를 배웠고, 한 제작사에서 데뷔했다는 공통점도 있지만, 무엇보다 같은 세대로서의 동질감이 있었다. 봉준호 감독이 1969년생, 장준환 감독이 1970년생, 최동훈 감독이 1971년생이다. 동시대인으로 나와 비슷한 정서적, 문화적, 정치사회적 경험을 가졌다고 할 만했다. 모두 영화학도 이전에 인문학도였다는 점도 굳이 꼽자면 공통점이었다. 봉 감독이 사회학과, 장 감독이 영어영문학과, 최 감독이 국어국문학과였다. 이들이 내놓은 작품이 '좋은 영화'

이기 이전에 내게는 뼛속깊이 '이해할 만한', '공감할 만한' 영화였던 셈이다.

이 날 자리에서 세 감독과 주고받은 자세한 얘기는 술자리의 풍경보다 잘 기억이 안 나지만, 차기 프로젝트에 대해 한 마디씩 한 것은 또렷하다. 앞서 말한 대로 최 감독은 "한국은행 터는 영화"를 만들 거라 했고, 장 감독은 "방구를 뀌는 슈퍼히어로, 방구맨 영화"를 구상하고 있다고 했다(아직까지 이뤄지지 못했다). 그리고 봉 감독은 이렇게 말했다.

"안정환의 월드컵 역전골 같은 통쾌한 영화."

그렇게 그는 한국 영화의 전례 없는 스트라이커가 되어갔다.

축구 좋아하는
봉준호씨,
축구로 말해요

백색 세상 속에서
색깔 띠는 사람

말하자면 〈기생충〉은 손흥민의 70미터 드리블 원더골
이고, 아카데미상은 세계 영화계의 '발롱도르'다.

어디 영화를 축구에 비교하느냐고? 축구감독과 영화
감독이 같으냐고?

반론하는 사람도 있겠지만, 이런 표현이야말로 봉준
호 식이고, 봉준호의 어법이다. 봉준호 감독은 축구마니
아일 뿐 아니라, 종종 축구에 비유해 영화 이야기 하기를
즐긴다.

2003년, 〈살인의 추억〉개봉 당시 봉 감독에게 차기작
계획을 묻자 이렇게 말했다.

"다음 영화는 한 · 일 월드컵 한국-이탈리아 전에서

터진 안정환의 역전골처럼 통쾌한 영화가 될 것이다."

몇 번을 꼬치꼬치 캐물어도 내용과 줄거리는 꼭꼭 비밀에 숨겼지만, "힘 있고 밝은 영화를 만들겠다"고 했고, "SF(공상과학영화)의 탈을 쓴 리얼리즘 영화"라고 했다. 그 작품이 바로 3년 후 개봉한 〈괴물〉이었다.

나는 〈괴물〉을 거쳐 〈마더〉를 봤고, 2009년 그를 "한국 영화에 괴물처럼 등장한 스트라이커"라고 평한 적이 있다. 전성기 시절 게임마다 골을 꽂아 넣던 브라질의 호나우두 나자리우(지금 이탈리아 유벤투스에 있는 크리스티아누 호날두가 아니다)에 비견할 만한 천재형 스트라이커라고 했다. 봉준호와 질친이기도 한 신매 박찬욱과 비교노 했다. 박찬욱의 영화가 골이 없어도, 혹은 골이 없기 때문에 더 아름다운 축구라면 봉준호의 영화는 늘 그물이 출렁거리는 끝을 보고 나서야 완성되는 축구라고도 했다. 박찬욱의 영화가 더 아름다울 수는 있으나 봉준호의 영화보다 더 재미있을 수는 없을 것이다.

세계 축구계도 변했고, 봉준호의 위상도 바뀌었으니 이제는 그에 대한 평가도 최신으로 업데이트해야 할 것 같다. 축구 얘기니 손흥민을 불러내지 않을 수 없다. 비유컨대 〈기생충〉은 토트넘의 손흥민이 2019년 12월 7일 프리미어리그 번리 전에서 넣은 70미터 드리블 원더골 같은 작품이다. 보고서도 믿기지 않는 기적의 결과다. 게임, 가상현실에서나 가능할 것 같은 성취다.

봉준호가 받아든 아카데미상은 축구계로 치자면 한 해 동안 최고의 선수에게 수여하는 발롱도르다. 리오넬 메시가 여섯 번이나 수상했던 상 말이다. 지난해 손흥민이 30인 후보로 뽑혀 22위를 차지한 것이 최고이며 아시아 출신 축구 선수로는 아직 근접하지 못한 상이다. 발롱도르가 축구의 종주대륙인 유럽에서도 최고 권위의 상이 듯이 아카데미상은 세계 영화사뿐 아니라 대중문화와 엔터테인먼트 산업을 지배해온 미국에서도 최고의 상이다.

손흥민이 넣은 원더골은 자기 팀 페널티박스 근처에서 공을 잡아 상대 진영까지 홀로 몰고 간 후 꽂아 넣은 골이었다. 말 그대로 '원맨쇼'였다. 수비가 여남은 명 붙었지만 소용없었다. 손흥민의 발재간과 스피드를 따라잡을 수 없었다. 1986년 멕시코 월드컵에서 아르헨티나 디에고 마라도나가 영국 전에서 넣은 골만큼이나 대단했다. 손흥민의 골은 세계 축구계에서도 단연 화제가 됐고 역대급 골로 기록될 만한 장면으로 전 세계 축구팬의 입에 오르내렸다. 세계 축구 전문가들과 주요 언론이 단연 "올해 최고의 골"로 꼽긴 주지하지 않았다.

십 몇 년전 봉 감독은 안정환과 한일월드컵에 빗대 자신의 작품을 표현했다. 그리고 나는 이제 손흥민과 영국 프리미어리그에 비유해 봉준호와 그의 성취를 기린다. 안정환에서 손흥민으로. 그 사이 10여 년의 세월이 있다. 여러모로 의미심장하게 느껴진다.

안정환의 월드컵 역전골은 한국인을 열광시켰지만, 손흥민의 70미터 원더골은 세계 축구팬을 환호하게 만들었다. 안정환의 역전골에는 조국이 있지만, 손흥민의 원더골에는 국적이 없다. 국가대항전의 승리에서 뛰어난 개인의 활약으로, 한국인이 세계무대에서 보여준 성취의 성격이 완전히 변화됐음을 보여주는 상징이 아닐까.

칸영화제 황금종려상 수상이나 아카데미 작품상 수상은 국가적 동원의 결과가 아니었다. 국가가 나서서 총력으로 밀어준 성공이 아니었다. '오스카상 수상 10년 계획' 따위로 이뤄졌을 리 만무하다.

뿐만 아니라 〈기생충〉은 드라마가 뛰어난 스릴러라고 할 수 있다. 매우 창조적인 영상과 상상력이 뛰어난 스토리를 갖추고 있는 외양이지만, 바탕에는 할리우드영화와 세계 대중영화의 문법이 깔려 있었다. 세계 언론은 봉준호는 이제 하나의 장르가 됐다고 했지만, 그 이전에 봉준호의 작품은 모두 장르영화였다. 할리우드의 전통적인 장르인 공포와 스릴러, 괴수, SF, 액션으로 분류 가능한 작품이었다. 요컨대 봉준호의 영화가 장르영화였기 때문에 봉준호는 하나의 장르가 될 수 있었을 것이다.

이는 곧 "가장 한국적인 것이 세계적인 것"이라는 과거의 모토에서 "가장 세계적인 것이 가장 한국적인 것"이라는 새로운 단계로의 진입을 의미한다.

내가 봉준호 영화를 사랑하는 이유 또한 여기에 있다. 나는 봉 감독의 영화가 한국 영화라서가 아니라 재미있고 의미 있고 잘 만든 작품이라서 좋아한다. 뛰어난 감독의 탁월한 작품이라서 본다. 그가 여느 영화제나 시상식에서 상을 받길 바라는 것은 나와 같은 한국인이기 때문이기도 하겠지만, 그보다 내가 좋아하는 작품의 감독이기 때문이라는 이유가 더 크다. 봉준호 감독은 어느 미국 감독, 어느 서구 감독보다 할리우드의 장르를 잘 다룬다. 그가 만드는 작품이 어느 미국 감독의 영화보다 재미있다. 손흥민을 좋아하고 응원하는 이유가 마음의 바탕에는 물론, '국뽕'이라 불리는 '민족주의적 감성'도 깔려 있겠지만, 세계 유수 클럽 어느 누구와도 최고를 겨룰 수 있는 뛰어난 플레이를 펼치기 때문인 것처럼 말이다. 그는 때로 메시나 호날두에게서도 느낄 수 없는 열광과 열정의 플레이를 선사한다. 한국인의 자부심 이전에 축구가 가진 원시적이고 본능적인 희열을 그라운드로 불러낸다. 세계의 축구팬도 그래서 손흥민을 월드 클래스로 인정한다. 그것처럼 봉준호 감독이 세계 영화팬들의 지지를 받는 이유도 '한국적인 것' 때문이 아니라 '세계 보편적인 것' 때문이리라.

봉준호도 손흥민도, 세계무대에서 한국이라는 브랜드와 한국인으로서의 위상이 점차 국가적인 역량에서 개인의 성취로 변화돼 평가된다는 사실을 보여준다. 그것은 가요에서의 BTS, 스포츠에서의 박태환과 김연아 등도 마찬가지다. 〈기생충〉의 아카데미 수상 후 미국 스포츠전문 매체 ESPN의 E스포츠 담당 기자는 봉 감독과 함께 손흥민, BTS, 이상혁(리그 오브 레전드 프로게이머)을 '한국의 엘리트4'라고 꼽았고 그가 날린 트윗은 화제가 되기도 했다.

봉준호 세대가 우리 영화계의 주류가 되기 이전, '한국적인 것이 세계적인 것'이었던 시대에 한국 영화를 대표하는 감독은 임권택이었다. '한국적인 것이 세계적인 것'의 시대는 〈씨받이〉(1987년 강수연 베니스영화제 여우주연상)의 시대였고, 〈서편제〉와 〈춘향뎐〉(2000년, 칸 경쟁부문 초청)의 시대였다. 그 시대는 2002년 〈취화선〉으로 임권택 감독이 칸에서 감독상을 수상하면서 절정에 이르렀고, 사실상 종언을 고했다. 장준환의 〈지구를 지켜라〉, 봉준호의 〈살인의 추억〉, 박찬욱의 〈올드보이〉, 김지운의 〈장화, 홍련〉이 차례로 개봉한 2003년, 한국 영화계는 완전히 새로운 시대가 시작했음을 알렸다. 해외 영화계도 그것을 반겼다. 2004년 박찬욱 감독이 〈올드보이〉로 칸 심사위원대상을 받은 것이다.

1963년생인 박찬욱, 1964년생인 김지운 감독이 제일 앞에 서고, 그 뒤를 이어 60년대 말~70년대 초에 태어난 후배들은 민주주의 운동 시기와 대학가를 이념이 지배하던 시대를 거쳤으며, 서구 대중문화와 개인주의에서 영향을 받았다. 한편으로는 이데올로기와 민주주의를, 한편으론 엔터테인먼트와 개인주의를 호흡한 세대였다. 미국 B급 영화와 할리우드 장르 영화에 매료됐으며, 진보 성향의 날카로운 사회비판의식을 가진 세대였다. 그 중심에는 봉준호 감독이 있었으며, 나, 내가 속한 세대의 동질감이 있었다.

다시 축구 얘기로 돌아가자. 봉준호 감독은 축구를 좋아한다. 그는 아카데미상을 받은 후 미국의 대형 뉴스 커뮤니티 사이트인 레딧에서 진행한 팬들과의 온라인 자유 문답에서 "아무나 다섯 명을 초대한다면 마지막 만찬에 누구를 초대하고 싶은가"라는 질문을 받았다.

봉 감독은 "앨프레드 히치콕과 김연아, 케빈 더 브라이더, 마틴 스코시즈, 그리고 내 고등학교 시절 영웅이었던 지미 페이지"라고 대답했다. 말할 것도 없이 히치콕과 스코시즈는 영화감독, 김연아는 피겨의 여왕이다. 지미 페이지는 전설적인 록그룹 레드 제플린과 야드버즈의 기타리스트였다. 이 다섯 명 가운데에서도 무려 세 번째로 꼽은 케빈 더 브라이너가 바로 축구선수다. 잉글랜드 프리미어 리그에서 두 시즌(2017~2018, 2018~2019) 연속 우승한 맨

체스터 시티의 미드필더다. 케빈 더 브라이너는 발재간과 킥, 볼컨트롤 능력, 공간 활용뿐 아니라 그라운드 전체를 보는 시야와 게임의 흐름을 읽는 축구 능력이 특히 뛰어난 '패스 마스터'이자 '천재형 플레이어'로 꼽힌다. 비록 가상이지만 봉준호가 메시나 호날두 같은 선수를 제치고 케빈 더 브라이너를 최후의 만찬 식탁에 불러왔다는 사실은 그가 왜 송강호라는 배우를 최고로 꼽는지에 대한 실마리를 던져준다. 케빈 더 브라이너는 골도 패스도 만능이며 주연도 조연도 가능한 천재형 미드필더. 감독만큼이나 게임 전체를 읽는 능력이 탁월하다. 송강호는 〈박쥐〉나 〈변호인〉, 〈택시운전사〉 같은 단독 주연의 작품에서나 봉 감독의 〈괴물〉, 〈설국열차〉, 〈기생충〉 같은 '앙상블'(비교적 고른 비중의 주조연급 배우들이 여럿 등장하는 것) 작품에서나 훌륭하게 조율된 연기를 보여준다. 봉 감독이 늘 강조하듯이 영화 전체를 감독만큼 넓게 보는 시야를 갖춘 매우 드문 배우이기도 하다. 물론 봉 감독은 송강호를 자타공인 세계 최고의 축구 스타 메시에 비교하기도 했다. 〈기생충〉에서 주요 배우 여덟 명은 균등한 비중을 갖는다면서도 "아무리 그라운드에 서는 축구선수 열한 명

중 하나라도 메시에게서는 거대한 광이 뿜어져 나오지 않느냐"며 송강호가 메시와 같은 역할을 했다고 말했다.

봉 감독은 〈괴물〉과 〈설국열차〉 이후 미국 영화계에서 주목받으며 다양한 영화 연출 제안을 받고 있었을 무렵, 할리우드에서의 영화 최종 편집권(파이널컷)과 관련해, 자신이 감당하고 주도할 수 있는 조건이 중요하다고 얘기하면서 다시 한 번 축구로 예를 들었다. 봉 감독은 "K리그에 있건 J리그에 있건 프리미어리그에 있건 경기를 뛰는 것이 중요하듯, 한국이든 미국이든 영화를 찍는 게 중요하다"며 "자칫 아스널의 박주영처럼 된다"고 말했다. "실력이 있을 때 뛰어야 하고, 감성이 꽃피고 있을 때 스스로의 스타일에 충실한 연출을 해야 한다"고도 했다. 박주영은 뜨거운 환호와 기대 속에서 빅클럽인 영국의 아스널로 이적했지만, 출전 기회를 별로 얻지 못했고 사실상 실패해 국내로 복귀했다.

봉준호 감독은 CJ E&M에서 400억 원을 투자한 〈설국열차〉 이후 "더 큰 규모의 영화는 별로 할 가능성이 없을 것"이라고 했지만 〈마더〉 이후 500억 원 규모의 〈옥자〉를 연출했다. 대신 〈옥자〉는 미국 스트리밍업체 넷플릭스가 전액을 투자했고, 최종 편집권도 봉 감독에게 있었다.

축구와 관련해서는 영화계에 재미있는 일화가 하나 있다. 박찬욱 감독 이야기다. 봉 감독과 대조적으로 박 감독은 축구를 좋아하지 않는다. 그래서 온 나라가 함성을 뒤덮인 2002 한일 월드컵 기간에 영화제에 참석할 겸 미국으로 갔다. 그리고 이젠 다 끝났겠지 하고 미국에서 돌아오던 날, 공항에서 안정환의 골든골을 넣는 순간을 목격했다고 한다. 4강까지 계속되는 월드컵 분위기에 박 감독은 '그래도 나도 한국 국민인데…'라는 죄책감이 들어 성당에서 신부에게 고해했다고 한다. 그랬더니 신부가 제시한 속죄의 방법이 더 걸작이었다. "그렇다면 월드컵 전 경기를 세 번씩 다시 보십시오"라고 했단다.

봉준호의
'강호형'

3

괴물의 연기

봉준호는 하나다. 송강호의 봉준호와 김혜자의 봉준호, 배두나의 봉준호, 변희봉의 봉준호가 다를 순 없다. 그러나 배우 송강호는 하나일 수 없다. 이창동의 송강호와 박찬욱의 송강호, 김지운의 송강호, 봉준호의 송강호가 같을 수 없다.

송강호는 봉준호와 네 편을 같이했다. 김지운과도 네 편(〈조용한 가족〉, 〈반칙왕〉, 〈좋은 놈 나쁜 놈 이상한 놈〉, 〈밀정〉)이다. 박찬욱과는 세 편(〈공동경비구역 JSA〉, 〈복수는 나의 것〉, 〈박쥐〉)을 찍었다. 이창동 감독과는 두 편(〈초록물고기〉, 〈밀양〉)에서 만났다. 한국 영화의 최고 감독과 만난 최고의 배우다.

봉준호의 송강호를 얘기하기 전에 다른 감독이 말하는 송강호는 어떨까.

송강호가 봉준호와 더불어 가장 '격의 없이' 지내는 감독인 박찬욱은 이렇게 얘기했다.

"세상은 그를 잘못 생각하고 있는 것 같다. 송강호야말로 냉정하고 지적이며 세련된 연기를 하는 배우다."

〈박쥐〉 무렵에 들은 말이다. 박 감독은 또 이런 말도 했다. "송강호는 도대체 가방끈도 짧고(대학 중퇴다), 책도 많이 안 읽는 듯하고, 영화조차도 잘 안 보는데, 도대체 그런 지적이고 세련된 연기가 어떻게 가능한지 모르겠다." 송강호는 봉준호, 박찬욱 감독과 특히 허물없이 지내는 편인데, 셋 모두 술자리를 즐기기 때문이다. 송강호에 따르면 봉 감독과 박 감독의 술 취향은 다르다. 박 감독은 와인을 좋아해 맥주를 좋아하는 송강호와는 술자리에서 각자 따로 병을 두고 마신단다. 술 얘기가 나와서 말인데, 송강호가 주류 광고를 찍은 적이 있다. 청주류였는데, 송강호는 사석에서 맥주를 시키거나 인터뷰 때는 가장 좋아하는 주류로 맥주를 꼽으면서 항상 "이거 기사로 나가면 안 된다"는 다짐을 받았다.

박찬욱 감독은 처음 호흡을 맞춘 〈공동경비구역 JSA〉 때를 회상하며 "당시에는 경력이 대단한 배우가 아니었는데 다른 남자 배우(신하균, 이병헌)와 어울릴 때는 모두에게 관심 가져 주고 앙상블을 이끌어 주는 모습이 형 같았다"고 말했고, 〈복수는 나의 것〉 때는 "특유의 이성적이고 지적이며 냉정한 면이 소름 끼칠 정도였다"고 했다. 〈박쥐〉 때는 "송강호가 과연 사랑 이야기에 어울릴 것인가, 주위에서 걱정을 할 때 나는 어떤 배우보다 더 멋진 로맨스를 보여줄 거라고 생각했는데 그 기대가 맞았다"고 했다.

〈반칙왕〉으로 사실상 송강호에게 첫 단독 주연 기회를 선사한 김지운 감독은 〈좋은 놈 나쁜 놈 이상한 놈〉을 찍고 이렇게 말했다.

"어떤 역할, 상황이라도 살아 있는 연기를 한다. 이모개 촬영감독의 말대로 송강호는 지금 찍고 있는 상황이 마치 실제라고 생각하는 것 같다. 순간적인 몰입과 집중력이 영화를 펄떡펄떡 살아 있게 한다. 모든 행위를 정감 있는 사람으로 보여준다. 그게 대단하다. 완벽하게 호흡조절을 하고 칼같이 정확하게 표현한다. 접착제처럼 짝

달라붙는 연기다."

〈초록물고기〉로 송강호를 사실상 영화계로 이끌어준 이창동 감독은 〈밀양〉 후에 이렇게 평했다.

"〈초록물고기〉 때 송강호는 당시도 동물적인 감각이 뛰어난 배우였지만 매우 열심히 하는 모습을 보여줬다. 그런 모습이 색다르기도 했고, 특이한 배우라고 생각했다. 주연이 아니라서 열심히 하는 것 같기도 했다. 그런데 10년이 지나고 톱배우가 된 지금도 그렇게 연습한다. 촬영이 끝나고 돌아갈 때도 찍었던 장면을 계속 혼자서 연기하고 있었다. 이해하기 어려웠다. 그런 성실함이 천부적인 재능에 더해진 것 같았다."

그럼 송강호에게 그들 감독들은 어떤 사람들일까. 송강호에게 들은 말이다.

"감독마다 세계와 스타일이 다른데, 그들의 세계가 다 내 안에 있는 것 같다. 장르적인 변주가 주는 김지운 감독의 묘한 매력, 박찬욱 감독의 창의적이고 예술가적인 기질과 건강한 냉소, 치밀하고 정교한 드라마를 통해 사회를 바라보는 봉준호 감독의 시선, 이창동 감독의 아름다움에 대한 감각 등과 내 안의 세계가 조금씩 닮아가는 것 같다."

송강호는 감독 얘기가 나올 때마다 꼭 '김지운, 박찬욱, 봉준호, 이창동' 차례로 말하면서 '가나다'순이라고 덧붙인다.

송강호와 봉준호 감독은 어떻게 만나게 됐을까. 언제 처음 만났을까. 두 사람이 서로에 대해 송강호를 송강호로, 봉준호를 봉준호로 '인지'하고 만난 것은 지난 2000년이었다. 봉 감독은 〈플란다스의 개〉를 '말아먹고' 난 뒤였다. 봉 감독은 감독들이 주관하는 한 행사('디렉터스컷')에 참석했다. 당시 신인 감독이니 선배들이 나오라고 하면 가야 했다. 그해 송강호는 주연급 영화배우로서 본격적인 스포트라이트를 받기 시작했다. 2월에 〈반칙왕〉이, 9월에 〈공동경비구역 JSA〉가 개봉했다. 그러니까 2000년의 봉 감독은 데뷔작을 실패해 고객 푹 숙인 신인 감독이었고, 송강호는 자신의 시대를 막 열기 시작한 기세등등한 배우였다.

둘은 행사장 계단에서 처음 마주쳤다. 그냥 지나칠 뻔했는데 송강호가 "어 봉준호 씨!"라고 먼저 알은척을 했다. 송강호는 〈플란다스의 개〉를 정말 깔깔거리며 재미있게 봤다고 했다. 남의 영화 관람을 그다지 즐겨하지 않고 비디오는 더더군다나 잘 보지 않는 송강호가 전날 정말 심심해서 비디오가게에 들러 빌린 것이 〈플란다스의 개〉였던 것이다. 송강호는 기억력이 워낙 좋고, 만나는 사람 누구에게나 덕담을 잘하는 편인데, 봉 감독의 데뷔작에 대한 칭찬만큼은 듣기 좋으라고 한 말이 아니었다. 훗날 계속 얘기하는 것을 보면 정말 '뒤집어질 정도'로 웃어가며 비디오를 본 모양이다.

우연히 마주친 두 사람 중 황송한 쪽은 당연히 봉 감독이었다. 영화게 흥행배우로 빌든솜깐 스타가, 네뷔삭을 말아먹고 어깨 축 쳐진 신인감독에 먼저 알은체를 하고 영화에 대한 상찬까지 안겨줬으니 말이다.

남녀 간의 만남이 그렇듯이 일이 잘되려고 그랬는지, 인연이 이뤄지려고 그랬는지, 둘을 둘러싸고 몇 년간 반복된 우연이 한국 영화의 운명이 됐다.

공교롭게 봉 감독은 당시 이미 〈살인의 추억〉 원작이 되는 연극 〈날 보러 와요〉의 영화화를 구상 중이었다. 〈날 보러 와요〉는 극단 연우무대의 작품이었고, 송강호가 바로 그 극단 출신이었다. 봉 감독은 당시 내심 송강호가 주연을 해줬으면 하는 생각이 있었다고 한다. 실제로 2년 후 본격적인 영화 제작에 들어가면서 송강호에게 제일 먼저 시나리오를 보냈다. 〈살인의 추억〉 출연 제안을 받을 때의 송강호는 영화계에서 위상이 더 높아져 있었는데, 봉 감독이 과감하게 그에게 먼저 출연 제안을 할 수 있었던 것은 첫 만남에서 송강호가 보여준 반응 덕분이었다. 송강호는 이례적으로 시나리오를 받자마자 흔쾌히 출연을 결정했다. 그러면서 송강호는 봉 감독에게 "우리는 이미 5년 전에 봤다"고 했다.

그랬다. 두 사람의 만남은 2000년 행사장 계단이 처음이 아니었던 것이다. 1997년 영화사 사무실에서였다. 봉 감독은 당시 우노필름(싸이더스의 전신)에서 제작하는 〈모텔 선인장〉의 조감독이었다. 그때 송강호가 영화사의 단역 배우 모집 공고를 보고 자리를 구하러 찾아왔다.

그때는 봉 감독이 먼저 알은척을 했다. 대뜸 "〈초록물고기〉, 잘 봤습니다, 선배님"이라고 깍듯이 인사했다. 두 번째 만남 때와는 달리 황송한 쪽은 송강호였다. 영화계에서 무명의 단역 배우 수준인 자신을 알아봐주는 사람이 있다니. 송강호와 봉준호, 그리고 〈모텔 선인장〉의 또 다른 조감독이었던 장준환 감독과 사무실에서 만났던 일을 송강호는 기억하고 있었다. 단역에 가까운 무명 배우의 연기를 기억해준 젊은 조감독, 실패한 신인 감독의 영화를 상찬해준 스타 배우. 둘의 인연은 그렇게 시작됐다.

〈초록물고기〉는 무명배우였던 송강호를 28세의 젊은 조감독 봉준호와 연결시켜준 작품일 뿐 아니라 한국 영화계로선 송강호라는 괴물 같은 배우를 '발견'하게 해준 작품이었다. 〈초록물고기〉는 봉 감독 같은 눈 밝은 영화인들에게 "이름은 잘 기억이 안 나지만, 깡패 역할을 했던 진짜 깡패 같은 배우"를 기억하게 했고, 바로 다음 작품이었던 〈넘버3〉는 대중에게 "배배배신이야"로 시작되는 대사의 강렬한 희극 연기와 함께 송강호라는 이름 석 자를 알렸다.

송강호가 연기에 처음 발을 들인 때는 1990년 초였다. 부산김해고를 졸업한 송강호는 재수 끝에 부산경상대 방송연예과에 진학했다. 집안 형편이 녹록지 못해 곧 휴학하고 입대했다. 제대 후에는 학교로 돌아가지 않고 중학교 2학년 때부터 꿈꾸던 연기가 하고 싶어 극단으로 갔다. 부산 지역 극단에 잠깐 있다가 1991년에는 상경해 대학로에 터 잡은 관록의 연우무대에 들어갔다. "무조건 받아 달라"며 버티다가 간신히 얻은 기회였다.

이후 5~6년간 소위 '대학로 밥'을 먹던 시절은 경제적으로 전투 같았다. 송강호는 "영화는 안중에도 없었고 먹고사는 것이 급해서 살아가는 것 외에 다른 어떤 꿈도 꾸기 어려운 시절"이었다고 당시를 떠올렸다. 지금이야 연극계도 사정이 많이 달라졌지만 송강호는 대학로 입성 후 2년이 지나서야 첫 개런티를 받을 수 있었다. 2개월간 연습하고 2개월간 공연해서 4개월치 보수로 35만 원을 받아 쥐었다. "하루하루 살아가는 게 너무 각박했다"던 시절이다.

영화에 단역으로 처음 출연한 것은 홍상수 감독의 〈돼지가 우물에 빠진 날〉이다. 연우무대 선배이자 영화 주연인 김의성의 추천으로 주인공의 친구 역 한 자리를 얻었다. 주인공이 술자리에서 만나는 여러 친구 중 한 명이다. 장선우 감독의 〈나쁜 영화〉에도 스쳐지나가는 카메라에 행려 노숙인으로 잠깐 모습을 비춘다. 낮에는 카메라 앞에 서고, 저녁에는 연극을 공연했다.

배역다운 배역을 맡기며, 연극무대에서 영화판으로 송강호를 사실상 불러낸 사람은 이창동 감독이었다. 송강호가 처음 영화 연기에 대한 각성을 했다고 말한 작품이 바로 〈초록물고기〉다. 연극 〈비언소〉에 출연 중이던 송강호를 이창동 감독이 보고 〈초록물고기〉에 기용했다. 〈초록물고기〉를 통해 "진짜 깡패를 캐스팅한 것이 아니냐"는 평을 받은 송강호는 이를 눈여겨 본 송능한 감독의 〈넘버3〉에서 다시 깡패 역을 맡으며 일약 화제의 중심으로 떠오른다. 대학에서 풍물패를 하던 여대생과 만나 6년간 연애 끝에 결혼한 것이 1994년. 첫 아들을 얻은 것이 1996년. 송강호가 "하루하루 먹고사는 것이 너무 각박했던 시절"이며 "영화고 연극이고 닥치는 대로 해야 했던 시절"이라고 떠올리는 그때다.

단역을 벗어나 조연이 된 〈초록물고기〉를 거쳐 대사와 역할 비중을 키운 〈넘버3〉는 송강호의 출세작이 됐다. 어설픈 조폭으로 허황된 말을 하며 흥분하면 말을 더듬는 경상도 사투리 대사는 당시 TV 개그맨들이 앞 다퉈 흉내 낼 정도로 큰 인기를 끌었다.

그리고 〈쉬리〉와 〈반칙왕〉, 〈공동경비구역 JSA〉을 거쳐 송강호는 〈살인의 추억〉에서 드디어 봉준호를 만난다. 〈살인의 추억〉은 한국 영화의 괴물 감독과 괴물 배우의 탄생을 공식적으로 알린 첫 작품이 된 셈이다.

나는 〈살인의 추억〉에서 봉준호가 송강호에게 준 가장 큰 선물이자, 한국 영화계가 발견한 가장 큰 보물은 마지막 장면인 송강호의 얼굴 클로즈업이라고 생각한다.

커다랗게 스크린을 채운 송강호의 얼굴은, 앞으로 그 속에 담길 한국 영화의 표정과 시대의 희로애락을 앞서 보여준 빛나는 예고편이었다. 송강호의 연기는 언제나 삶에 내재한 본질적인 희극성과 비극성, 그 둘이 빚어내는 아이러니를 보여준다. 그는 모든 장르에서, 모든 장면에서 삶과 현실을 환기하는 매혹적인 순간을 만들어 낸다.

송강호의 얼굴에 담기는 삶이란 결과가 의도를 배반하고, 선의를 악의로서 되돌려 받으며, 때로는 못난 자가 잘난 자를 이기거나, 착한 놈이 가장 나쁜 놈이 되는 어떤 세계다. 허둥대는 공권력의 말단에 매달려 나쁜 머리로 애처롭고 우스꽝스럽게 분투하는 형사(〈살인의 추억〉)는 1980년대 우리 사회의 자화상이었다. 〈좋은 놈 나쁜 놈

이상한 놈〉의 윤태구는 가장 우스꽝스럽고 허술한 사내지
만 사실 나쁜 놈 중 가장 나쁜 놈이었고, 〈박쥐〉의 신실한
신부는 인간의 구원을 위해 몸 바쳐 희생했지만 흡혈귀의
피를 받음으로써 신으로부터 버림받는다.

그리고 〈기생충〉에서 인디언 장식을 한 송강호의 얼굴
은 '갑'들의 영토에서 자기의 몸과 혼을 탈탈 털어 살아가
야 하는 '세상 모든 을'의 상징이 됐다. 한국 영화의 얼굴
인 송강호가 세계 보편성을 획득한 것이다.

시대는 매번 새로운 정신과 얼굴을 요구하므로 봉준
호와 송강호의 시대 또한 언젠가는 지겠지만, 〈살인의 추
억〉은, 또 그 영화의 마지막 장면은, 〈기생충〉의 아카데미
상 수상까지 절정을 향해갈, 향후 십 몇 년간, 혹은 그 이
상 길게 이어질 수도 있는, 한국 영화사의 새로운 페이지
를 상징하는 매우 시의적절하고도 훌륭한 첫 장이었던 셈
이다.

사족을 달자면, 이창동 감독은 〈초록물고기〉로 송강호
에게 '말'(대사)을 선사했다. 김지운 감독은 〈반칙왕〉으로
링 하나를 온전히 감당할 '몸'을 줬다. 박찬욱 감독은 그

에게 영화의 '영혼'을 불어넣었다. 그리고 봉준호 감독은 송강호에게 '얼굴'을 선물했다.

봉준호 감독은 〈살인의 추억〉의 마지막 장면을 두고 이렇게 말했다.

"처음부터 이 영화를 얼굴들의 퍼레이드로 만들어 보자는 생각이었다. 마지막 (송)강호 형의 얼굴 클로즈업 신은 아주 밋밋한 표정에서 격렬한 느낌까지 다양한 버전으로 촬영해 두었다. 영화에 들어간 것은 그중에서도 가장 격하고 충혈된 느낌의 필름이었다. 송강호는 대(大)괴물 배우다."

봉준호에게
배우란

4

플란다스의
이상한 사람들

"'슛'(shoot) 들어가면 펑펑 울다가 '컷'하면 바로 '오늘 야식이 뭐야?'라고 하며 낄낄거리는 이상한 사람들이 하는 이상한 일"

봉준호 감독에게 배우란 '이상한 사람들'이고 연기란 그토록 '이상한 일'이다. 물론 카메라가 돌아갈 때와 멈출 때 언제 그랬냐는 듯 돌변하는 일은 특히 송강호에게 들어맞는 말이긴 하지만, 근본적으로는 모든 배우들이 가진 숙명이다.

배우도 여러 스타일이 있다. 그중엔 어떤 배역을 맡으면 영화를 끝낼 때까지 일상에서조차 완전히 인물에 푹 빠져 지내는 배우가 있다. 온전히 그 사람이 되는 것, 그 사람의 삶을 살아 보는 행위, '몰입과 반응'에 집중한다. "이 인물이라면 어떻게 말하고 어떻게 행동할까"를 가장 최우선에 놓는 것이다. 그래서 어떤 배우는 때로 영화가 끝나고 나서도 일상으로 복귀하는 데 심리적인 어려움을 겪기도 한다.

송강호는 그런 유형은 아니다. 여러 감독이 공통적으로 증언하는 바다. 예를 들어 촬영장에서 잠시 쉬는 시간에 휴대폰을 붙잡고 누군가와 영화와 전혀 상관없는 통화를 하다가도 카메라만 돌아가면 울고 웃으며 인물의 감정과 영화의 정서를 표현하는 식이다.

배우는 근본적으로는 다른 사람이 되는 것이지만, '몰입에 따른 자연스러운 반응'에 집중하는 유형이 있는가 하면 송강호처럼 '작품 전체의 맥락과 인물 심리의 표현'을 더 중요시하는 스타일이 있다.

봉 감독은 송강호와 같은 연기 철학을 갖고 있다고 했다. '연기는 표현'이라는 말이다. 말하자면 매 장면마다 배우가 전달해야 하는 목표가 있는 것이다. 정보, 감정, 스토리, 주제, 관계 등. 이는 어떤 인물이 돼서 어떤 상황에 대해 실제처럼, 현실처럼 '반응'하는 것과는 좀 다른 의미다.

'인물이 되기'보다는 '인물로 표현하기'가 더 중요한 것이다.

그것은 배우가 감독과 같은 입장에서 작품 전체를 보는 '시야'를 갖고 있어야 가능하다. 매 장면의 맥락과 목적, 인물 사이의 관계에 대한 상을 정확하게 갖고 있어야 한다. 이러한 면에서는 송강호 이상의 뛰어난 배우를 찾아보기 어렵다는 것이 그와 같이 일한 감독의 얘기다.

송강호는 스스로의 연기를 어떻게 말할까. 박찬욱 감독의 〈박쥐〉 때 들은 얘기다.

"시나리오는 한 번 꼼꼼히 보되 여러 번 읽지는 않는다. 마음을 비우고 카메라 앞에 선다. 촬영에 들어가면 본능적으로 반응하는 느낌인데, 아마도 이미 머릿속에 계산이 다 돼 있기 때문인 듯하다. 물론 감독과 작품에 따라 다르다. 어떤 때는 카메라가 돌아가기 전까지는 나 스스로도 어떤 연기가 나올지 모른다. 반대로 아예 시나리오의 토씨 하나까지 틀리지 않을 정도로 정해진 대로만 하는 경우도 있다. 특정한 하나의 연기론이 있는 것이 아니고 감독과 작품마다 전혀 다른 방식의 표현을 해야 한다. 관계와 공간에 따라 연기를 달리하는 것이 내게는 중요하다."

감독과 배우가 상호작용을 하는 방식도 다양하다. 꼭 하나의 연기론과 연출론이 옳거나 그른 것이 아니다. 부부처럼 감독과 배우의 합이 잘 맞아야 한다. 서로 잘 맞으면 오래가고, 안 맞으면 한두 작품 하다가 깨지기도 한다. 칼로 물 베기라는 말처럼 서로 싸우면서도 지긋지긋하게 작품을 이어가는 경우도 있다.

봉 감독이 들려줘서 알게 됐는데, 독일의 거장 감독 베르너 헤어조크와 유명 배우 클라우스 킨스키는 서로 죽이지 못해 물고 뜯으며 애증의 관계를 이어간 대표적인 경우다. 클라우스 킨스키는 한국에도 잘 알려진 배우 나스타샤 킨스키의 아버지다. 헤어조크 감독과 클라우스 킨스키는 서로 저주와 독설을 퍼부으며 싸우는 것은 예사이고 욕설 전화와 방화 협박을 주고받기도 했다. 촬영 현장에서 배우는 관두겠다며 떠나려하고 감독은 권총으로 쏴 죽이겠다고 위협하기도 했다는 일화는 유명하다. 그러면서도 둘은 15년 동안이나 수편의 작품을 같이했다. 심지어 그중에는 〈아귀레, 신의 분노〉 등 걸작으로 평가받는 작품들도 적지 않다. 클라우스 킨스키가 죽은 후 헤어조크 감독은 〈나의 친애하는 적〉이라는 제목으로 고인과 자신의 관계를 담은 자전적 다큐멘터리를 만들기도 했다.

봉 감독은 작품뿐 아니라 세계영화와 한국 영화의 '야사'도 참 많이 아는 편이다. 감독과 배우와의 관계에 대해서 그로부터 들은 얘기가 또 있다. 이번엔 한국 영화의 사례다. 감독이 배우에게 자신의 의도나 촬영 장면의 맥락을 아예, 혹은 정확히 알려주지 않고 연기를 하도록 한 경우다. 배우를 배우가 아닌 자연인으로서, 연기를 연기가 아닌 실제 상황에서 날것 그대로의 반응으로서 취급한 것이다.

감독이 배우더러 '아내를 죽이는 연기'를 해달라 했다. 감독은 '꿈속 장면'이라고 설명했다. 결과적으로 거짓말이었다. 최종 편집본에서는 꿈이 아닌 현실에서 아내를 살해하는 장면으로 들어갔다. 해당 장면이 왜 필요한지 배우를 설득하기가 여의치 않았던 감독이 꿈이라고 둘러댄 것이다. 완성된 영화를 본 배우는 길길이 뛰었다. 감독에게 욕을 하며 크게 화를 냈다. 다시는 볼 일 없을 것이라고 했다 한다.

감독이 문제의 장면을 꿈으로 할지 현실로 할지 결정하지 못한 채 촬영에 들어갔다면 어쩔 수 없었다고도 할 수 있을 것이다. 하지만 만일 애초부터 현실로 계획한 장면이었음에도 배우를 속여 연기하도록 한 것이라면 문제라는 게 봉 감독의 생각이다. 배우는 작품 전체의 맥락과 촬영 장면의 목적, 자신의 연기에 대한 정확한 정보 없이 그저 이용만 당한 셈이기 때문이다. 이때의 연기란 배우의 예술적 표현이 아니라, 배우의 동작에 불과하다. 봉 감독은 한마디로 "배우는 카메라 앞을 지나는 행인이 아니다"라고 말한다.

봉 감독의 말에 따른다면, 배우의 예술적 표현으로서의 연기는 감독의 예술적 의도와 마찬가지로 영화의 일부다. 배우는 반응하는 기계 혹은 조건 반사하는 동물이 아니다. 카메라 앞을 실제 상황이라고 스스로 속이고 행동하는 자연인(비직업배우)이 아니다. 그래서 감독은 배우를 알아야 하고, 배우는 감독을 읽어야 한다. 봉준호 감독은 "강호 선배가 나랑 하면 진이 빠지는 느낌이라고, 육수가 빠지는 느낌이라고 하더라"는 농담을 전하기도 했다.

중국 영화에서는 오프닝-클로징 크레딧에 감독 대신

'도연'(導演)이라는 단어를 올린다. '감독 봉준호'가 아니라 '도연 봉준호'라는 식이다. '도연'은 '연기를 지도함'이라는 뜻이다. 이에 대해 봉 감독은 적절한 표현이 아니라고 생각한다. 감독이 배우의 연기를 지도한다는 발상 자체에 동의하지 않는다는 얘기다.

"감독이 연기를 '지도'한다고 오히려 '방해'가 되면 안 된다. 디렉션한다고 까불다가 연기를 방해할 수 있다. 감독은 배우를 최대한 편하게 해줘야 한다"는 것이 봉 감독의 말이다. 봉 감독은 "감독은 연기를 지도하는 것이 아니라 배우와 의논하는 것"이라고 한다.

봉 감독은 배우로서 영화에 출연한 적도 있다. 친한 감독의 영화 몇 편에 특별출연했다. 류승완 감독의 〈피도 눈물도 없이〉에서는 취조형사로 나왔고, 옴니버스 영화 〈인류멸망보고서〉 중 임필성 감독의 연출작 〈멋진 신세계〉에서는 TV토론에 출연한 시민단체 활동가로 등장했다. 이경미 감독의 〈미쓰 홍당무〉에서는 영어 학원 수강생으로 분했다. 모두 대사도 있었다. 심지어 〈멋진 신세계〉에서는 기타 연주도 하고, 〈미쓰 홍당무〉에서는 영어로 대사를 했다.

카메라 뒤의 감독이 아닌 카메라 앞의 배우로 섰던 기분은 어떨까. 봉 감독이 이렇게 털어놓은 적이 있다.

"현장에서 감독(봉 감독의 후배였다)이 나한테 와서 연기에 대해 이런 저런 요구를 했다. '이 사람이 도대체 지금 뭔 소리를 하는 거야' 이런 생각이 먼저 들었다. 그러다가 섬찟했다. 내가 감독일 때 모습도 저럴 것이 아닌가. 촬영장에서 배우들한테 이러쿵저러쿵 얘기하니까 말이다. 그러면 배우들도 똑같은 생각을 하겠지. 내가 연기할 때랑 똑같이, 감독의 말에 입으로는 예예 하면서도 머릿속으로는 딴 생각을 하겠지. 그리고 연기는 원래 하던 대로 그냥 자기 식으로 하지 않을까?"

그러니까 촬영장에서 감독이 지도한답시고 말해봐야 배우에겐 크게 도움이 되지 않을 것이고, 자칫 감독의 주제넘은 얘기가 될 수도 있다는 얘기다. 특히 연기 잘하는 배우한테는 정신만 산란하게 할 수도 있다. '배우의 입장'이 된 봉 감독이 깨달은 바다.

그래서 봉 감독은 촬영 현장에서의 연기 지도가 아니라 캐스팅 그 자체가 중요하다고 말했다. 캐스팅에서 이미 배우의 연기는 결정된 것이나 다름없다는 얘기다. 작가(봉 감독의 경우에는 자신)가 완성한 시나리오, 감독이 설계한 장면에 배우가 결합되면 영화인 것이다. 배우는 촬영장 이전에 이미 완성된 존재이므로.

그럼에도 봉 감독은 배우를 '보통 사람과 다른 존재'라고 규정헌다. 감독이나 촬영감독, 조명기사 등은 만들어질 수 있으나 배우는 태어난다는 것이 봉 감독의 지론이다. 우스개 삼아 "외딴 섬에 가둬놓고 훈련시키면 감독이나 촬영감독으로 만들어낼 수 있지만 배우는 불가능하다"고도 했다.

봉 감독에게 배우란 야생마 기질, 주체할 수 없는 격정을 가진 사람이다. 빙의나 접신을 하는 무당 같은 존재다. '다른 사람의 혼이 씌우는 일'에는 어느 정도 선천적인 자질이 필요하다. 후천적인 노력으로 무당이 되기는 어려운 것처럼 말이다. 무당이 그렇듯 '배우로 타고난 유전인자'는 저주이기도 하고 축복이기도 하다.

봉 감독은 배우 중에서도 영화배우만이 가진 특별한 어려움도 강조한다. 영화배우는 촬영 현장에서 감독의 끊임없는 개입을 감당해야 한다. 연극배우와 다른 점이다.

연극배우는 작품과 공연이 정해지면 몇 달간 연습을 한다. 그리고 일단 관객을 앞에 두고 무대에 오르면 누구의 간섭도 받지 않는다. 공연을 하는 두어 시간 동안 누구의 개입도 없다. 오로지 배우와 관객만이 있다. 심지어 공연 기간 중 연출자 없이 무대에 오르는 경우도 많다.

반면 영화배우는 짧게 쪼개진 숏(shot) 단위로 연기한다. 관객이 아닌 카메라를 마주한다. "레디, 액션!"과 "컷"이라는 감독의 지시에 따라야 한다. 숏과 숏, 테이크와 테이크 사이에는 끊임없는 감독의 개입이 있다. 봉 감독은 그것을 "영화배우가 감당해야 하는 특별한 불편함"이라고 했다. 촬영현장에서의 배우와 감독의 숙명에 대해 봉 감독은 이렇게 말했다.

"감독, 촬영감독, 조명기사, 분장 등 스태프 수십 수백 명이 뒤엉켜 와글와글한다. 그러다가 감독이 '숏'이라고 외치면 일순간에, 마치 썰물처럼, 불 켜진 방의 바퀴벌레처럼, 모든 사람이 카메라 뒤로 쫙 빠져나간다. 그러면 쏟아지는 빛을 받으며 홀로 남아서 렌즈를 상대로 울고 웃고 때리고 맞고 심지어 옷을 벗기도 하고 섹스 연기를 하기도 한다. 보통 사람의 기를 가지고서는 되는 일이 아니다. 계속 타인이 될 것을 요구받는데, 연극무대처럼 지속적으로 몰입할 수 있는 것도 아니다. 감독이 '컷'하면 스태프들하고 농담하고 담배 피우고 하다가 '슛'하면 카메라 돌아가는 동안 완전히 다른 사람이 된다. 사람들과 낄낄댈대다가 카메라만 돌아가면 펑펑 운다. 옆에서 보면 완전히 미친 짓 같다. 익숙해져서 아무렇지도 않게 느낄 뿐이지 생각해보면 정말 이상한 직업이고 이상한 일이고 이상한 행동들이다.

배우들은 다른 세계에 있는 사람들이다. 그래서 난 배우들에게 경외심을 가지려고 노력한다. 최대한 무당이 편하게 뛰어놀 수 있는 돗자리를 깔아주려고 한다. 감독이 배우의 연기에 개입할 때는 아주 조심해야 한다. 배우의 생각이 뭔지 먼저 알아야 한다. 이렇게 해도 되는지, 저렇게 해도 되는지, 감독이 먼저 물어봐야 한다. 배우와 달리 감독은 스토리텔링이라는 짐을 지고 있다. 그래서 대사를 조율해야 한다. 대사가 배우의 입에 맞아 떨어져야 함은 물론 정보도 전달해야 한다. 멋없는 대사라도 필요하면 해야 하고 때로는 카메라 앵글을 위해 배우를 희생하기도 해야 한다."

감독과 배우는 영화라는 공동의 운명 속에 있지만 서로 다른 숙명을 갖고 있기도 하다. 감독은 훌륭한 장면의 창조가, 배우는 훌륭한 연기가 목적이다. 배우의 연기는 매우 중요하지만 영화의 일부일 뿐이라는 점도 엄연한 사실이다.

봉 감독이 감독과 배우의 관계를 얘기할 때 잘 드는 예가 또 하나 있다. 훌륭한 장면을 창조하려는 감독과 훌륭한 연기를 하려는 배우의 숙명이 극단적으로 엇갈리는 사례다.

봉준호 감독과 자주 비견되는 감독이자 봉 감독이 가장 존경하는 감독으로 꼽은 스릴러의 거장 앨프레드 히치콕의 이야기다. 그는 프랑스 감독 프랑수와 트뤼포와의 인터뷰에서 "배우들은 소떼"(Actors are cattle)라고 한 적이 있다. 감독은 목동이라는 얘기다. 즉, 소떼가 목동이 모는 대로 움직이듯 배우는 감독이 시키는 대로 하면 된다는 생각이다.

히치콕이 배우 몽고메리 크리프트를 주연으로 〈나는

고백한다〉라는 작품을 찍을 때, 두 사람은 엄청난 불화와 갈등을 겪었다고 한다. 몽고메리 크리프트는 손짓 하나, 소품 하나에도 의미와 목적을 담는 소문난 '메소드 배우'였다. 스스로 납득하지 못하는 행동은 연기로 표현하지 않는 배우다(한국 영화 배우 가운데에선 이병헌이 몽고메리 크리프트 같은 스타일이라고 한다). 그러니 배우는 소때와 같다고 생각하는 히치콕 감독과는 상극이었다. 한 번은 히치콕이 몽고메리 크리프트에게 "고개를 돌려 저쪽 교회의 십자가를 봐"라고 주문했다. 몽고메리는 당연히 "왜? 무슨 의미냐"라고 물었다. 무슨 심리로, 무슨 이유로 인물이 고개를 돌려야 하는지를 물은 것이다. 그런데 히치콕의 대답은 간단했다. "응, 다음 장면이 교회 십자가 인서트(insert, 상황설명을 위해 끼워 넣는 장면)거든." 감독이 다 알아서 만들 테니 배우는 시키는 대로만 하라는 얘기다. 굳이 생각할 필요가 없다는 뜻이다.

히치콕과 잉그리드 버그만의 일화도 있다. 지난 1979년 미국 영화연구소(AFI)에서 히치콕에게 평생공로상을 헌정하며 마련한 축하행사 때의 일이다. 히치콕과 작업한 당대 최고의 배우들이 축하사절단으로 함께했다. 그중

잉그리드 버그만이 단상에 올라 히치콕과의 작업을 회상했다.

"히치콕 감독님은 영화를 준비하실 때 매우 철저하시죠. 감독님은 스크립트(대본)에 아주 세세한 것까지 모든 걸 적어 놓으세요. 의상이나 소품까지 누가 와서 물어보든 감독님은 항상 '스크립트에 다 있네'라고 말씀하셨죠.

배우(연기)도 물론 스크립트에 다 있죠. 하지만, 우리가 항상 대본대로 하는 것만은 아니에요. 우리들도 생각이란 것이 있거든요! 그런데 그런 기색이 조금이라도 있으면 감독님 신경이 날카로워져요.

감독님하고 저하고 처음 부딪쳤을 때가 생각나네요. 1945년 〈스펠바운드〉를 촬영할 때였죠. 제가 '제 생각과 달라요. 대본처럼 감정을 느끼고 표현할 수 없어요'라고 감독님에게 말했어요. (객석에 앉아 있는 히치콕을 가리키며) 그랬더니 당시에도 감독님은 그 자리에 앉으셔서 그러셨죠. '잉그리드, 그냥 흉내 내(fake it).'"

배우 제임스 스튜어트도 한마디를 보탰다.

"아마도 감독님은 이제 이렇게 말씀하실 것 같습니다. '내가 예전에 배우들은 소떼라고 얘기한 것 같은데, 그게 아니에요. 배우들은 소떼처럼 다뤄야 해요'라고 말이죠."

모두 봉 감독이 실감나게 연기까지 해가며 박장대소와
함께 전한 영화사의 뒷얘기들이다. 여기서 히치콕의 예는
배우를 기능적으로 여기는 극단적인 사례일 것이다. 봉
감독은 감독과 배우의 관계에서 반드시 어느 한 가지 유
형이 옳다고 고집하지는 않는다. 백이면 백, 다양한 스타
일의 감독과 배우가 있고, 서로 궁합이 잘 맞으면 그만이
라는 게 봉 감독의 생각이다.

다만 봉 감독 스스로는 배우를 기능적인 존재가 아닌
함께 작업하는 동료 예술가라고 여긴다. 그래서 '지시'나
'지도'가 아니라 '의논'의 대상으로 본다. 물론 그 정도 경
지에 이른 배우가 캐스팅됐을 때 가능한 얘기다.

봉준호 영화의 중심에 송강호가 있는 이유다. 봉 감독
은 송강호와의 작업에 대해 "점점 연기와 작품에 대한 대
화가 없어지는 사이가 돼 간다"고 했다. 말로 하지 않아도
워낙 잘 아는 사이라는 얘기지만, 그래서 가끔은 불안할
때도 있다고 했다.

봉 감독은 "〈살인의 추억〉 때는 서로 대화를 많이 했

는데, 〈괴물〉 때는 좀 줄고 〈설국열차〉 때는 거의 안했다. 이상하게 강호 선배하고는 점점 작품이나 연기에 대한 말이 없어진다"고 말한다. "프라하 촬영 때는 서로 어제 갔던 식당, 어제 먹은 스시에 대해서만 이야기하다가 '슛' 가면 어느새 찍고 있더라. 물론 촬영할 때 서로 여러 가지 주문을 하지만, 이제 너무 편해졌나 하는 생각도 들었다. 꼭 좋은 것만은 아닌 것 같다"라고 떠올리기도 했다.

봉 감독은 히치콕과 비슷한 면모가 많다. 특히 '모든 것은 스크립트에!'라는 히치콕의 말처럼 세부까지 완벽하게 설계하고 촬영하는 방식이 그렇다. 그러나 송강호 같이 삭품 선반에 대한 생각과 영화에 대한 철학을 나누는 존재가 있다는 점만은 히치콕과 다르다. 봉 감독과의 인터뷰에서 들은, '봉 감독이 생각하는 송강호'다.

"경이로운 배우다. 예측할 수 없는 면이 있어 그것을 자꾸 기대하게 된다. 감독인 나조차 생각하지 못한 것을 갑자기 어느 순간 확하고 보여줄 때가 있으니까.

지금까지 작품들을 돌아보면 강호 선배는 함께하는 다른 배우들까지 더 연기를 잘할 수 있도록 하는 배우다. 내가 여러 번 목격했다. 만일 내가 배우로서 어떤 대사를 했는데, 맞은편에 있는 상대가 예기치 않은 액션을 해온다면, 나도 반응을 달리할 수밖에 없다. 강호 선배가 바로 그렇게, 예기치 않은 액션을 통해 새로운 반응을 이끌어내는 배우다. 강호 선배는 예기치 않은 액션까지 작품 전체의 맥락과 감독의 의도를 다 계산에 넣고 하기 때문에 상대 배우의 연기까지 확 끌어올리는 결과를 만들어낼 때가 많다.

그것은 조연배우들이 튀기 위해서, '신스틸'을 하려고 애드리브(즉흥연기)하는 것과는 차원이 완전히 다르다. 강호 선배는 애드리브를 해도 드라마를 강화시킨다. 새로운 화두를 던져서 내러티브를 잘 풀어낼 수 있도록, 애초 시나리오보다 한발 더 나아갈 수 있게끔 하는 것이다.

그래서 강호 선배가 하는 어떤 대사는 애드리브인지 원래의 대본인지 관객이 알아채지 못할 때가 많다. 예를 들어 〈살인의 추억〉 때 '여기가 강간의 왕국이냐'는 대사는 원래 있던 대사인데 마치 애드리브처럼 느껴진다. 강호형이 즉석에서 확 뱉은 것 같다. 반면 '밥은 먹고 다니냐'는 즉흥적으로 지어낸 것이다. 그런데 그게 드라마에

딱 맞는다. 애드리브와 원래의 대본 사이의 경계가 붕괴되는 것이다. 그러니까 놀랍다. 강효 선배는 영화 전체를 조망하는 뷰(시야)를 갖고 있기 때문에 가능한 것이다. 어떤 영화이고, 나는 어떤 인물인지, 감독의 의도는 무엇인지를 잘 알기 때문에 말이다."

변희봉, 김혜자,
그리고
'테레비 키드'

마더, 파더, 키드

"정말 나 맞나? 정말 그렇게 대단한 상이에요?"

지난 2010년 12월 13일 오전이었다. 밤새 미국에서 들어온 외신 중 봉준호 감독 〈마더〉의 주연 김혜자가 LA평론가협회 '올해의 여배우'로 선정됐다는 소식이 있었다. 나는 미국 언론의 보도를 확인하고 소감을 물으려고 김혜자 선생에게 전화를 걸었다. 김혜자 선생의 며느님이 받아 김 선생에게 건네주었다. 직전 해 〈마더〉 개봉 때는 봉감독과 원빈만 인터뷰했다. 김 선생은 공연 때문인지, 건강 때문인지 개봉 당시에는 언론과 개별 인터뷰는 없었던 걸로 기억한다. 그래서 김 선생은 만날 기회가 없었다.

나로선 김 선생과의 첫 통화였다. 김 선생은 수상 소식을 아직 모르고 있었다. 미국 언론에만 보도됐을 뿐이지 영화사에도, 긴 선생에게도 아지 연락이 안 된 모양이었다. 공교롭게 내가 처음 수상 소식을 알리게 됐다. 내가 뉴스를 전하며 상에 대해서도 간단히 설명했다.

수화기 너머에서 들리던 일상적 말투도 TV나 영화에서 듣던 대로였다. 관록의 여배우는 어리둥절해하면서도 기분 좋게 놀랐다. 연신 "진짜 나 맞나?"고 묻고, "그렇게 대단한 상이냐, 혹시 잘못 안 것 아니냐"고도 했다.

물론 대단한 상이었다. 메릴 스트립이 두 번 수상했으며 제인 폰다, 헬렌 미렌, 줄리아 로버츠, 엠마 톰슨, 줄리앤 무어, 헬레나 본햄 카터, 마리온 코틸라르 등이 탄 상이었다. 특히 LA평론가협회상은 할리우드 외신기자협회가 주관하는 골든글로브 상과 함께 아카데미상의 향방을 가늠하는 주요 영화상으로 꼽힐 정도로 미국 영화계 내에서 차지하는 위상도 컸다. LA평론가협회는 김 선생에게 올해의 여배우 상을 줬고, 〈마더〉에는 외국어영화 부문 2등상(runner-up)을 안겼다. 그 후로 9년이 지난 올해 LA평론가협회가 〈기생충〉에 작품, 감독, 남우주연상을 수여했다.

당시 김 선생의 목소리가 생생하다. 〈마더〉 역시 여러 영화제와 영화상 시상식에서 수상 행진을 이어갔다. 〈마더〉는 국내에서 2009년 5월 개봉했지만 미국에선 1년 뒤 개봉했고, 그 1~2년 사이에 세계 각국에서 트로피를 쌓아 갔다.

김 선생은 특유의 소녀 같은 어투로 "작년(2009년)에 개봉한 작품인데 왜 지금 상을 주느냐"고도 반문했다. "작년 모든 수상이 끝났다고 생각하고 까맣게 잊고 있던 터라 기분이 낯설고 당황스럽기도 하지만 너무 좋고 너무 행복하다"고 말했다. 미국 영화 〈소셜 네트워크〉가 최고의 영화로 선정되고 최고의 남자배우로는 할리우드 톱스타인 콜린 퍼스(〈킹스 스피치〉)가 뽑혔다는 말을 전해듣고는 "정말 근사하다"고도 했다.

김 선생은 이어 "〈마더〉로 국내외 영화제(상)에서 이미 10여 차례나 수상을 했다"며 "너무 감사하고 너무 행복하지만 다들 너무 치켜세워주시니 나하고는 영 관련 없는 것 같기도 하고 불안하고 불편한 마음도 없지 않았다"고 겸손해했다. 〈마더〉가 LA평론가협회 최우수 외국어영화상 2위와 보스턴평론가협회 최우수영화상 수상작으로 아울러 선정됐다는 소식에 "봉준호 감독은 정말 대단하다"고 말했다. 지금 생각하면 〈괴물〉과 〈마더〉는 아카데미 수상의 전주곡이었던 셈이다. 세계 영화계, 그리고 특히 미국 영화계와 미국 영화팬들에게 봉준호라는 이름 석 자를 더 알려가는 과정이었을 것이다.

영화 담당 기자를 하면서 당대 최고의 톱스타 배우들을 많이 만났다. 주위의 부러움도 샀다. 장동건은 실제로 만나보면 어때? 이영애는 진짜 예뻐? 만난 배우 중 제일 잘생긴 배우는 누구야? 누가 가장 예쁜 여배우라고 생각해? 초면이든 지인이든 늘 받는 질문이었다. 그러나 사실 영화 기자를 할 때 톱스타 배우들은 만나고 인터뷰할 기회가 적지 않아 감흥도 크지 않았다.

젊은 톱스타 위주로 돌아가는 흥행 산업의 생리나 늘 '당대 최고'를 좇는 미디어의 습성 때문일 것이다. 영화사도 젊은 팬들에게 인기가 있는 배우들을 중심으로 작품을 홍보한다.

그러니 예를 들어 김혜자 선생 같은 배우는 따로 인터뷰할 기회가 많지 않다. 그 정도 경지와 경력의 배우는 특별히 홍보나 인기 관리가 필요 없으니 인터뷰에 적극적이지 않은 이유도 있다. 자신들을 잘 모르는 젊고 어린 기자와의 자리도 불편할 터다. 그러니 인터뷰를 신청해도 꺼리는 경우가 많다.

그래서 오히려 그런 배우들을 만나는 일이 나로선 더 기대될 때가 많았다. 젊은 톱스타보다는 오히려 더 진짜 '연예인' 같은 느낌이 들기도 한다. 아마도 아주 어린 시절부터 TV를 통해서만 봐온 배우들이었기 때문일 것이다. TV와 스크린에서만 볼 수 있는 사람이라고 생각했기 때문일 것이다.

김혜자 선생과는 그때 LA평론가협회 올해의 여배우상 수상과 시상식 참석 건으로 몇 번을 통화하고는 이제까지 다시 연락할 일도 만날 일도 없었다. 시상식 행사는 이듬해인 2011년 1월에 있었는데, 다시 통화했을 때 "봉준호 감독이 꼭 같이 가자고 하더라"며 "봉 감독과 의논해서 시상식 참석을 결정하겠다"고 했었다. 그러나 이후 사진을 보니 봉 감독은 가지 못하고 검정색의 우아한 드레스를 입은 김 선생만 트로피를 받았다. 그때 김 선생의 수상 소감 등 인터뷰를 신문에 실었는데, 김 선생이 먼저 연락해 "신문을 사보지 못했는데, 신문 좀 집으로 보내줄 수 있느냐"고 정중하게 부탁을 해온 기억도 있다. 10년 전이고, 당시에도 이미 기사는 대부분 인터넷으로 확인할 때였다. 나는 흔쾌히 그러마고 약속을 드리고 지난 신문을 포장해서 보내 드렸다.

배우 김혜자. 당연히 〈전원일기〉가 제일 먼저 떠오르지 않을 수 없을 것이다. 워낙 김 회장(최불암) 부인, 용식이 엄마 이미지가 강해서인지 제목도 기억이 가물가물하지만 김혜자는 수많은 미니시리즈와 주말드라마에도 출연했다. 자애롭고 헌신적이며 포근한 '국민엄마'가 대표 이미지이지만, 그렇지 않은 작품도 많다. 1988년 방영한 〈모래성〉에서는 남편의 외도를 용서하지 못하고 이혼을 선언하는 중년의 중산층 주부를 연기했다. 이듬해 〈겨울 안개〉에서는 남편의 외도에 배신감을 느끼고 자궁암 판정으로 죽음을 기다리는 시한부 여인으로 등장했다. 어떤 작품이나 최고의 연기력을 보여주었음은 물론이다. '국민 엄마'가 아닌 김혜자의 또 다른 연기로 봉 감독의 기억에 깊이 각인된 작품이 1995년 방영된 미니시리즈 〈여(女)〉다. 자식을 가질 수 없었던 여인이 아기를 유괴해 친딸이

라고 속여 애지중지 키웠으나 뒤늦게 진실을 안 딸에게
버림을 받고 미쳐버린다.

〈마더〉 개봉 당시 만났을 때 봉 감독의 말이다.

"김혜자 선생님의 얼굴에서 어떤 불안과 히스테리를
느꼈다. 내 추측이지만 국민엄마라는 수식어가 대단한 영
광이긴 해도, 한편으로는 얼마나 큰 스트레스일까? 문근
영도 국민 여동생이란 말이 얼마나 싫겠나? 나는 영화를
통해 (익숙한 것의) 다른 면을 보여주고 싶고, 어울리지 않
는 것들을 충돌시키고 싶은 충동이 있다. 김혜자와 살인
사건, 혹은 김혜자와 섹스(〈마더〉에서 김혜자가 진범을 찾는
과정 중 다른 젊은이의 섹스 장면을 몰래 지켜보는 장면이 있
다), 얼마나 부조화스러운 것들인가. 다행히 김혜자 선생
님이 시나리오가 나온 지난 2005년 흔쾌히 출연을 응낙
해 주셨다."

봉 감독이 브라운관이 아닌 실제 김혜자를 처음 본 것
은 홍대 앞에 있었던 대학시절 영화 동아리 사무실에서였
다. 그러니까 1980년대 말일 텐데, 무슨 드라마였는지 촬
영지가 신촌이었다. 당시 김혜자의 집이 홍대 바로 근처
였다고 한다. 김혜자는 마치 동네 구멍가게 들르듯 슬리

퍼를 끌고 나와 촬영을 뚝딱 끝내고는 도로 집으로 들어 갔다. 경지에 이른 도사 같은 모습. 대학생 봉준호의 기억 에 깊이 각인된 배우 김혜자의 이미지였다.

봉준호 영화에서 김혜자 이전엔 변희봉이 있었다. 〈플 란다스의 개〉의 경비원, 〈살인의 추억〉의 형사반장, 〈괴 물〉의 아버지, 〈옥자〉의 할아버지.

변희봉이라. 물론 나도 〈플란다스의 개〉 이전에 변희 봉이라는 배우의 존재를 알고 있었다. 얼굴을 보든, 이름 을 듣든, 딱 떠오르는 이미지도 있었다. MBC 사극 〈조선 왕조 500년〉에서의 유자광 역할이다. 자료를 찾아보니 변희봉이 유자광 역할로 출연한 것은 1984년 1월부터 1985년 2월까지 방영된 〈조선왕조 500년〉의 세 번째 시 리즈 〈설중매〉 편이었다. 나는 중1이었고, 봉 감독이라면 중3 때였다.

〈설중매〉편은 세조부터 연산군 시절까지를 그렸다. 당 시 극중에서 가장 화제를 끌었던 사건은 한명회와 유자 광 사이에 벌어진 권력투쟁이었다. 조연 전문이나 다름없 던 두 배우, 한명회 역의 고(故) 정진과 유자광 역의 변희봉이 대단한 연기 대결을 벌였다. 특히 변희봉이 눈을 희번덕거리며 "바로 이 손 안에 있소이다"라고 하는 대사와 장면이 유명했다. 변희봉은 같은 의상, 같은 대사로 광고에도 출연할 정도로 인기를 끌었다.

그러고는 잊혀진 변희봉을 '재발견'한 것은 〈플란다스의 개〉에서였다. 특히 어둡고 음습한 아파트 지하실에서 휴대용 가스레인지 등 간단한 취사도구를 앞에 놓고 칼을 이리저리 돌려가며 '보일러 김 씨' 사건을 이야기하는 장면은 대단한 서스펜스를 만들어 냈다. 굴곡 많은 변희봉의 얼굴을 밑에서 비춰주던 조명과 그의 천연덕스러운 연기가 공포감을 자아내는 신(scean)이었다. 봉 감독은 아직 신인이었지만 히치콕 스타일의 연출력이 빛을 발한, 과장하면 '거장의 탄생'을 예고하는, 훗날에도 두고두고 회자되는 장면이었다.

〈플란다스의 개〉를 통해 변희봉은 'TV의 조연 탤런트'가 아닌 '매우 영화적인 배우'로 재평가됐다. 한국 영화계 전체가 변희봉이라는 배우를 새롭게 보게 됐다. 변희봉은 이후 봉 감독의 작품에 연이어 출연하며 '봉준호 월드'를 대표하는 배우가 됐을 뿐만 아니라 또 다른 한국 영화와

TV드라마에서 전성기를 맞게 됐다.

내게는 변희봉 하면 유자광이었지만, 나보다 두 살 많은 봉 감독에게는 그 이전, 〈수사반장〉의 잡범이었다. 내가 봉 감독을 처음 만나 〈살인의 추억〉에 변희봉을 캐스팅한 이유를 물었더니 "드라마를 즐겨보던 어린 시절부터 영화감독이 되면 꼭 배우로 캐스팅해야겠다고 마음먹은 배우"라고 했다. 그때 영화감독이 된 동기는 "가족들과 함께 TV 앞에서 뒹굴뒹굴 구르면서 마음먹었다"고 했다. 봉 감독은 〈기생충〉으로 칸영화제 황금종려상을 수상한 뒤 소감으로 "저는 열두 살의 나이에 영화감독이 되기로 마음먹었던, 되게 소심하고 어리숙한 영화광이었습니다"라고 했는데, 그 결심은 극장 안에서가 아니라 TV 앞에서 이뤄졌던 것이다. 그리고 변희봉과 김혜자는 영화감독을 꿈꾸는 열두 살 '테레비키드'의 '인장'이었던 셈이다.

봉 감독이 할리우드키드이기 이전에 '테레비키드'가 아니었다면 〈플란다스의 개〉에 변희봉을 캐스팅하는 것 자체가 불가능했을 것이다. 1965년 라디오 성우로 연기에 데뷔한 변희봉은 TV로 진출해서는 단역, 조연 등을 전전했다. 당시 고정적으로 출연해서 맡을 수 있는 역할은 〈수사반장〉의 잡범이나 〈113수사본부〉의 말단 간첩 역뿐이었다. 가끔 방송사 특집극에서도 단골 악역이었다. 삼일절이 되면 일본군 앞잡이, 6·25 때는 북한군 졸병, 광복절에는 친일파 졸개 등으로 나왔다고 한다. 그러다가 시청자들에게 이름과 얼굴을 본격적으로 알린 것이 1979년 〈안국동 아씨〉의 박수무당 역과 1980년대 〈설중매〉 유자광역이었다. 그 인기를 타고 영화계에서도 부름이 있었는데, 당시엔 선정적인 영화가 유행할 때였다. 변희봉은 그런 작품들은 특히 꺼린 데다, 이런 저런 인연으로 출연했던 작품에 대한 기억도 썩 좋지 않았다고 한다.

유자광 역으로 얻은 인기도 사그라지면서 TV에서도 이후에는 이렇다 할 작품이 없었다. 나이 든 배우가 출연할 기회도 많지 않았다. 그래서 봉준호 감독이 〈플란다스의 개〉로 연락한 1999년에는 연기를 접을까 하던 차였다고 한다. 영화에 대한 기억이 썩 유쾌하지 않던 변희봉은 봉 감독의 제안도 처음에는 거절했다. 그러나 봉 감독이 워낙 집요하게 부탁을 해왔다. 결국 차나 한 잔 마시자 하고 만났다. 그런데 이 자리에서 신인 감독 봉준호는 〈수사반장〉, 〈안국동 아씨〉에서 변희봉이 한 연기를 흉내까지

내며 얘기를 쏟아냈다. 이에 감복한 변희봉은 결국 출연을 승낙했고, 두 사람의 인연은 결국 2017년 〈옥자〉의 칸 영화제 레드카펫에서 꽃을 피웠다. 1980년대 〈수사반장〉의 잡범 전문 조연. 이렇다 할 전성기 한 번 없이 촬영장을 떠나려 했던 노배우. 그가 세계 최고의 스타들이 서는 레드카펫에서 스포트라이트를 받을 줄 누가 알았을까.

신인 감독에게 출연을 거듭 사양하던 변희봉은 〈마더〉 때에 와서는 봉 감독에게 먼저 전화를 걸어 자리 하나 없나 떠볼 정도가 됐다고 한다. "이번엔 내가 할 역할이 있을까"라며 은근히 압박했는데, 봉 감독은 나이 든 어머니의 이야기라며 마땅한 배역이 없음을 돌려 말했다. 그러자 변희봉은 "그럼 그 아줌마랑 바람이라도 나는 역할이라도 달라"고 했다고 한다. 물론 〈마더〉에는 그런 내용도 없고, 그런 역할도 없다. 봉 감독에 대한 변희봉의 애정과 믿음을 확인할 수 있는 일화다.

봉 감독처럼 우리 세대는 테레비키드였다. 나도 또한 TV를 켜놓고 배 깔고 숙제하던 '테레비키드'였다. 봉 감독이 거장이기 이전에 동시대인, 같은 세대로서 동질감이나 친밀감이 드는 이유다. 우리 세대 대부분이 어렸을 때 〈마징가Z〉를 봤고, 〈미래소년 코난〉의 주제곡을 부르며 컸다. 〈전설의 고향〉을 틀어 놓고는 이불 뒤집어쓰고 눈만 빼꼼히 내놓던 기억도 선연하다. 봉 감독이 어떤 인터뷰에서 어린 시절 AFKN으로 방영되던 옛 미국영화들을 즐겨보곤 했다는 말을 했는데, 그것을 들으며 "어? 나도 그랬는데"라고 했던 적도 있다. 케이블TV나 영화채널, DVD 같은 것도 없던 시절, 나도 지금은 AFN으로 약호를 바꾼 주한미군 방송에서 알아듣지도 못하는 영어로 영화를 보곤했다. 때마다 틀어주던 〈로마의 휴일〉이나 〈사운드 오브 뮤직〉을 몇 번씩 봤다. '만화광'으로 이미 잘 알려진 봉 감독이 어린 시절 좋아하던 만화로 〈꺼벙이〉를 꼽은 적이 있는데, 그때도 어린 시절 친구를 만난 것처럼 반가웠다. 우리 또래라면 머리에 '10원짜리' 크기의 부스럼 자국이 있는 말썽꾸러기 주인공 〈꺼벙이〉를 절대 잊지 못할 것이다.

나는 이처럼 봉준호 감독을 통해 영화 보는 즐거움, 장르 그 자체의 쾌감, 한국 사회에 대한 비판적 감각을 느끼게 될 뿐 아니라 내가 가진 세대적, 문화적 경험을 환기하게 된다. 그것은 박찬욱 감독이 내게 불러일으키는 정서와 감성과는 또 다른 것이다. 나는 봉 감독을 얘기하자면 늘 박찬욱 감독을 함께 생각하게 되는데, 아마도 두 감독다 내가 가장 좋아하는 한국 영화감독이기 때문만은 아닌듯하다. 내가 처음 영화 담당 기자를 하게 된 2003년 강렬하게 등장한 두 작품 〈살인의 추억〉과 〈올드보이〉의 감독이기 때문이기도 하고, 서로 다른 결과 스타일, 주제의식을 갖고 있기 때문이기도 할 것이다. 그때 영화를 좀 본다하는 사람끼리 모이면 봉준호가 낫네, 박찬욱이 더 좋네하면서 떠들던 기억도 새록새록 하다.

물론 두 사람은 영화계에서 널리 알려진 '절친' 급의 선후배이기도 하다. 영화광의 영화, 장르영화의 거장을 꼽을 때 '세트'로 묶여 언급되는 한국의 대표 영화감독이기도 하다. 세계에 가장 잘 알려지고, 해외에도 골수팬들을 거느린 한국 영화감독이기도 할 터이다.

그래서일까. 두 사람의 작품과 철학, 어법, 문화적 감수성을 비교해 보는 것은 내가 가진 '소소한 즐거움' 중 하나다. 두 사람의 영화뿐 아니라 두 감독의 말과 생각은 내게 좋은 '참고 텍스트' 혹은 '레퍼런스'이기도 하다.

공통점이라면 두 감독 모두 영화는 물론이고, 음악, 미술, 사진, 문학 등 예술과 인문학 전반에 조예가 깊다는 것을 들 수 있다. 좋은 집안의 똑똑한 자제들로 어린 시절부터 풍요로운 문화와 교양의 세례를 받고 성장한 이들이라는 점도 비슷하다.

하지만 미묘한 차이와 내조를 보여주는 깃도 사실이다. 이를테면 봉 감독이 대중문화 친화적이고, 세대 보편적 감성을 갖고 있다면, 박 감독은 인문학적 소양이 돋보이고 엘리트주의적인 면모가 있다.

예를 들어 자신의 작품을 "한일 월드컵에서의 안정환 역전골 같은 통쾌한 영화"라고 설명하는 것은 전형적인 봉준호 식 어법이다. 박 감독에겐 〈올드보이〉 때 근친상간의 모티브를 언급하면서 "이렇게 센 이야기가 흥행에 성공한 것은 기이한 일이 아닌가"라고 물었던 적이 있다. 그랬더니 "〈오이디푸스〉는 그리스시대의 블록버스터이지 않았겠느냐"라고 대답했다. 이것은 박찬욱 식의 표현이다.

축구와 만화, BTS를 예로 들어 말하는 것이 봉준호다운 것이라면 신화와 셰익스피어, 클래식음악을 예로 드는

화법은 박찬욱스러운 것이다. 박 감독에게 '교양'을 중요
시하는 까닭을 물은 적이 있다. "나는 파란만장한 인생을
산 사람도 아니고, 풍부하고 다양한 직접 경험을 갖고 있
지도 않다. 그래서 사회와 인간에 대한 통찰을 얻기 위해
서는 독서와 교양을 통한 간접 경험이 중요했다"고 대답
했다.

예전에 봉 감독으로부터 프랑스 그래픽노블《설국열
차》를 영화화한다는 소식을 듣고 바로 서점으로 달려가
사본 일이 생각난다. 박찬욱 감독과 인터뷰할 때는 매번
"요새 무슨 책을 읽으시냐"고 묻곤 했는데, 그중 하나가
미국 작가 커트 보니것의 소설이었다. 지금 내 책장에는
《설국열차》와 커트 보니것의 소설 몇 권이 나란히 꽂혀
있다. 봉준호, 박찬욱. 두 감독과 같은 시대에 살아서 누릴
수 있는 즐거움이다.

'달변' 봉준호,
'웰메이드' 봉준호

CINEMA 이야기의 추억

"오스카에서 허락한다면 이 트로피를 텍사스 전기톱으로 잘라서 (다른 후보 감독들과 함께) 오등분 해 나누고 싶은 마음입니다."

"오늘 밤은 술 마실 준비가 돼 있습니다. 내일 아침까지."

"1인치 정도 되는 장벽을 뛰어넘으면 훨씬 더 많은 영화를 만날 수 있습니다. 우리는 단 하나의 언어를 쓴다고 생각합니다. 그 언어는 영화입니다."

"지금이 (영화) 〈인셉션〉 같은 기분이 들어요. 곧 깨어나서 이 모든 것이 꿈이라는 걸 알게 되겠죠. 전 아직 〈기생충〉 촬영 현장에 있고 모든 장비는 고장 난 상태고요. 밥차에 불이 난 걸 보고 울부짖고 있고요. 그러나 지금은 모든 것이 좋고 행복합니다."

"비록 제가 골든글로브에 와 있지만, BTS가 누리는 파워와 힘은 저의 3천 배가 넘죠. 그런 멋진 아티스트들이 많이 나올 수밖에 없는 나라입니다. 한국은 감정적으로 역동적인 나라예요."

"(한국 영화가 한 번도 오스카상 후보에 오르지 못한 일은) 조금 이상하긴 하지만, 별로 큰일은 아니에요. 오스카상은 국제영화제가 아니기 때문이죠. 그저 '로컬(지역영화상)'일 뿐이죠."

〈기생충〉의 아카데미상 수상 전후 봉준호 감독이 내놓은 수상 소감이나 해외 매체 인터뷰에서 한 말들이다. 지금은 봉준호가 영화를 잘 만드는 감독일 뿐 아니라 말을 잘하는 사람이라는 사실을 전 국민이 잘 알게 됐다. 봉 감독과 봉 감독의 영화에 대한 내 첫인상도 그랬다. 그를 처음 만나고 쓴 인터뷰 기사의 소제목 중 하나가 '그 남자 그 영화, 달변이다'였다.

봉 감독의 별명 중 가장 잘 알려진 것이 '봉테일'이다. 영화 장면 구성뿐 아니라 소품 하나하나에까지 완벽하게 의미를 담고 세심하게 설계했다고 붙여진 것이다. '디테일'(detail)에 강하다는 뜻이다. 이미 〈살인의 추억〉 때부터 유명해진 애칭이다. 하지만 봉 감독 스스로도 썩 좋아하는 별명이 아니라고 밝혔거니와 나도 봉 감독의 인간적인 면과 영화의 특징을 아주 잘 나타내는 말이라고는 생각하지 않는다. 그렇다고 봉 감독이 디테일에 강하지 않다는 뜻은 물론 아니다. 알려진 것처럼 그의 영화 작업은 주도면밀하다.

그렇긴 해도 나는 봉 감독과 그의 영화를 잘 나타내주는 한 마디를 꼽자면 '달변'이라고 하겠다. 나는 봉 감독과 그의 영화에 대해 어떻게 생각하느냐는 질문을 받으면 늘 "사람도 영화도 달변이지"라고 대답하곤 했다.

봉 감독과 그의 영화 특징을 잘 나타내는 또 하나의 단어는 '웰메이드'(well-made)다. 한국 영화가 자타공인 세계적인 수준이 된 최근에는 많이 쓰이지 않는 말이나, 〈살인의 추억〉이 개봉한 2003년 전후 몇 년간은 한국 영화계에서 가장 많이 오가던 단어였다.

'웰메이드'는 사전적으로는 잘 만들어졌다는 뜻이다. 여기엔 균형이 잘 잡히고 구성이 잘돼 있다는 의미도 포함돼 있다. 한마디로 '완성도가 높다'는 말하고 거의 같은 뜻이다.

영화에서 완성도가 높다는 말은 영상도 좋고 이야기도 훌륭하며 그 둘의 조화도 탁월하다는 의미다. 그리고 기술적, 서사적, 예술적 성취도가 높다는 의미다. 영화에서도 때로 기술적인 성취도나 대중적인 스토리텔링보다는 독창성이나 주제의식을 더 높게 평가하는 경우들이 있다. 대중에게 익숙한 표현 양식이나 서사 구성보다는 얼마나 전복적인 미학적, 문학적, 철학적 상상력을 구현했느냐를 앞세우는 때가 있다. 주류 대중영화를 대상으로 하는 아카데미영화상 말고 보통 예술영화를 중심으로 하는 칸, 베니스, 베를린 등 영화제의 심사 기준이 그런 편이다.

그래서 웰메이드라는 말은 보통 대규모 개봉을 목적으로 하는 대중영화 또는 상업영화를 대상으로 많이 쓰인다. 아무래도 대규모 자본과 인력이 투입돼 영상과 스토리에서 높은 수준의 완성도를 보여주는 할리우드 영화가 기준이라고 할 수 있다. 2000년대 이전만 해도 평균적인 한국 영화는 기술 수준이나 서사 구성에서 할리우드 영화보다는 떨어진다는 인식이 많았기 때문에 '웰메이드'라는 평가 자체가 특별할 수 있었다.

내 기억으로는 〈살인의 추억〉을 시작으로 2003~2004년 완성도 높은 한국 영화가 잇따르면서 웰메이드라는 말을 유행어처럼 사용했던 것 같다. 이때부터 해외 영화계와 서구 관객들이 한국 영화를 보는 눈도 달라졌다. 이국적이고 동양적인 징시와 미학을 담은 작품들뿐 아니라 범죄 스릴러, 공포, 코미디, 액션 등 전통적인 할리우드 스타일 장르영화를 잘 만든다는 평가를 받기 시작한 것이다.

그런데 〈살인의 추억〉이 웰메이드라는 말을 유행시켰을 당시, 봉 감독을 잘 아는 후배 영화인이 지나가듯 "봉 선배, 사람이 웰메이드지"라고 하는 말을 들은 적이 있다. 그때는 그러려니 했다. 만나보니 과연 똑똑하고 달변이네, 하고 말았다.

"사람이 웰메이드"라. 처음엔 흘려들었지만 십여 년 이상 봉 감독을 지켜보면서, 그리고 〈기생충〉 전후 여러 뒷얘기들이 전해지면서 새삼 "아, 그런 의미였구나" 하는 말이 됐다.

먼저 봉 감독은 예술인의 사회적 참여라고 부를 만한 활동을 꾸준히 해왔다. 귀찮을 수 있는 자리도, 자칫 불이익을 볼 수 있는 상황도 마다하지 않았다. 한국 영화계가 스크린쿼터(의무상영일수) 투쟁을 하던 2006년에는 칸 국제영화제에서 다른 영화인과 함께 릴레이로 1인시위에 참여했다. 당시엔 한미자유무역협정(FTA) 체결과 미국의 통상 압력 탓에 극장당 한국 영화 의무상영일수가 연간 146일에서 73일로 줄어들면서 한국 영화계가 심하게 반발할 때였다. 일각에서는 이를 두고 "영화인들의 밥그릇 다툼"이라고 비난하기도 했다.

영화계의 이해를 대변하는 활동뿐 아니라 사회적 약자나 진보 정치를 지지하는 행동에도 참여했다. 2016년 세월호 특별법 제정을 위한 영화인 서명운동과 유가족 응원 캠페인에도 동참했다. 박찬욱 감독, 배우 문소리 등과 함께 진보정당 당원이었다는 것도 잘 알려진 사실이다. 진보적 사회 활동과 사회비판적 시각을 담은 영화 때문에 이명박, 박근혜 정권이 예술계 블랙리스트에 올려놓은 인사 중 한 명이기도 했다.

봉 감독은 영화 스태프들을 위한 영화계 근로조건을 엄격히 지키는 것으로도 유명하다. 영화 스태프들은 예술하는 개인사업자인지, 제작사에 고용된 비정규 노동자인지 사이에서 법적 지위가 명확하지 않다. 그래서 영화계는 '표준근로계약서'를 마련해 시행하고 있지만 법적인 강제성이 없다 보니 지켜지지 않는 경우도 많은데, 봉 감독은 〈기생충〉에서 표준근로계약을 철저히 준수해 실질임금을 높였다.

특히 영화 촬영 중 '밥시간' 준수는 유명하다. 본인부터 배고픈 것을 매우 싫어하기 때문이라는 농담 반 진담 반 이야기도 있는데, 그만큼 누구든 '밥 먹을 권리'를 중요하게 생각한다는 말일 것이다. 어쨌든 봉 감독이 먹는 걸 좋아하는 건 사실이다. 칸영화제에서 〈기생충〉이 상영된 후 극장에서 관객들의 기립박수가 계속되자 송강호가 곁의 봉 감독에게 "박수 언제 끝나나"라고 했고, 봉 감독은 "배고픈데"라고 대꾸했다고 한다.

봉 감독의 영화에서도 밥 혹은 먹는 행위는 매우 중요하게 다뤄진다. 〈살인의 추억〉에서는 "밥은 먹고 다니냐"는 대사가 나오고, 〈괴물〉의 마지막 장면에서는 딸을 잃고 살아남은 송강호가 딸이 살린 소년과 밥을 먹는다. 〈설국열차〉에서 연양갱 닮은, 바퀴벌레를 짓이겨 만든 단백질 덩어리도 의미심장한 소품이다. 〈기생충〉에서도 짜파

구리뿐 아니라 먹는 장면이 유난히 자주 나온다. 봉 감독은 〈괴물〉을 찍고 이렇게 얘기하기도 했다.

"먹는 장면이 많이 등장하는데 권력은 독극물을 방류하고 약을 살포하는 등 '싸는 것', 곧 배설과 관련 있지만, 괴물과 싸우는 가족과 사람들은 '먹여주는(보호해주는) 관계'로 고리를 맺고 있다는 것을 상징한다. 내 영화의 숨은 주제다."

예술가로서의 사회적 참여나 직업상의 도덕적 의무에 대한 이야기뿐 아니라 개인적인 미담도 많이 알려졌다. 〈기생충〉에서 지하실 남자로 출연한 배우 박명훈은 영화 촬영이 한창일 때 아버지의 폐암 진단 소식을 알게 됐다고 한다. 이를 전해들은 봉 감독은 영화 극장개봉 두 달 전에 열린 제작진끼리의 비공개 시사회에 박명훈의 아버지를 초청했다. 칸영화제에서 상영되기 훨씬 전이었다. 대한민국은 물론 세계에서도 최초로 〈기생충〉의 완성본을 보는 영광을 선사한 것이다. 조금이라도 건강할 때 아들의 출연작을 보시라고 말이다. 대개의 상업영화는 완성돼 공개되기 전에 몇 차례 시사회를 가지게 되는데, 그중에서도 첫 시사회는 주요 제작진을 위한 것이다. 최종 기술적 점검의 목적도 있다. 특히 〈기생충〉같이 결말이 중요한 작품이라면 시사회 참석자들이 결말을 미리 발설하지 않겠다는 각서를 써야 할 정도로 보안이 중요하다. 제작진 시사회는 아주 엄격하게 검증된 인사만 참석하는 것이 보통이다. 박명훈에 따르면 그의 아버지도 굉장한 영화광이자 봉 감독의 팬이라 〈기생충〉을 본 후 엄청나게 좋아하셨다고 한다.

봉 감독에 대한 어린 시절 이야기도 있다. 봉 감독의 누나인 봉지희 씨의 회상에 따르면 반에서 어려운 친구들이 있으면 집에 데리고 와서 어머니가 차려주신 밥을 같이 먹곤 했다. 그래서 어머니는 봉 감독이 다른 형제들과는 다르다는 말씀을 하시곤 했다는 것이다. 봉 감독이 굉장히 사려 깊고 다른 사람의 마음을 읽는 배려가 어릴 때부터 많았다는 것이 누나의 말이다.

〈살인의 추억〉 때는 단역 배우를 감동시킨 일화도 있다. 극중 연쇄살인범의 희생자 엄마 역으로 몇 초 정도 등장하는 배우였다. 촬영 현장에서도 구경꾼 취급을 받아 비켜달라는 소리를 들을 정도로 이름도 얼굴도 알려지지 않은 여배우였다. 그런데 봉 감독이 현장에서 그를 알아보고 "어, 혜란 씨 오셨어요?"라고 인사하더란다. 그 여배우가 바로 KBS2 〈동백꽃 필 무렵〉에서 돈 많은 철부지 남편(오정세)와 함께 사는 강단 있는 여성 변호사 역할을 맡은 염혜란이다. 염혜란이 드라마로 주목받은 이후 인터뷰에서 털어놓은 데뷔 시절 얘기다. 염혜란은 당시 봉 감독의 한마디에 단역의 서러움을 잊었다고 한다.

송강호와의 만남도 우연히 찾아온 행운이라고만은 할수 없을 것이다. 조감독이었던 봉준호가 연극 무대 출신무명 배우를 깎듯이 '선배'로 예우하며 첫 인연을 만들지않았다면, '데뷔작을 쫄딱 말아먹은 신인 감독'의 두 번째 작품에 최고 흥행배우로 올라선 스타가 출연하기는 쉽지 않았을 것이다. 그런 면에서 송강호와 봉준호는 비슷한 점이 있다. 망한 신인 감독에게 일부러 알은 체를 하고'감독님'으로 대하지 않았다면 〈살인의 추억〉도 〈괴물〉도〈설국열차〉도 〈기생충〉도 없었을지 모른다. 사람과 작품을 보는 밝은 눈뿐 아니라 상대가 누구든 귀히 여기고 배려해주는 마음이 두 사람을 묶어주는 인연이 되지 않았을까.

봉준호 감독은 영화와 사람만 '웰메이드'인 것이 아니라 말도 '웰메이드'다. 봉 감독은 말을 잘한다. 말을 많이 하면서도 잘한다. 말을 많이 하고 잘하면서도 웃기고 재밌다.

봉 감독이 말을 많이 한다는 것은 그가 수다스럽다는 의미가 아니다. 듣는 사람이 원하는 말을, 풍부하게 해준다는 얘기다. 봉 감독은 주제만 던져주면, 다양한 각도에서 구체적인 예를 들어가며 말을 이어간다. 이야깃거리가 많고 화제가 풍부한 사람이다. 내용 없이 말을 주저리주저리 늘어놓는 것이 아니라 다양한 정보를 담고 갖가지 감흥을 불러일으키는 이야기를 한다. 대화를 유려한 흐름으로 이끌 줄 안다.

기자 생활을 하면서 참 많은 사람을 만났다. 공식적인 인터뷰를 하기도 했고, 비공식으로 만나 취재를 하기도 하고, 때로는 그저 사적으로 만나 친분을 나누기도 했다. 참 많은 사람을 만났으니 참 많은 말을 들었다.

여러 화자, 다양한 유형의 '인터뷰이'(interviewee)가 있다. 어떤 사람은 물어보지 않아도 스스로 술술 이야기한다. 반면 '원하는 대답은 절대 안 할 거야'라고 결심을

하고 나온 듯, 웬만해서는 "예, 아니오" 말고 입을 닫고 있
는 사람도 있다. 이런 사람을 만나면 기자는 진땀을 뺀다.
1을 물어보면 딱 1만 대답하는 사람이 있고, 2, 3만큼 얘
기해주는 이도 있다. 어떤 땐 안 만나니만 못한 사람도 있
고, 만나거나 안 만나거나 다름없는 인터뷰도 있다.

'인터뷰이'로서 봉 감독은, 물어보지도 않은 말을 먼
저 하는 사람은 아니다. 인터뷰를 할 때나 기자-취재원으
로 만날 때 물어보지도 않은 말을 하는 상대란, 대개 홍보
를 하거나 경쟁자를 험담하려는 목적을 가진 경우가 많
다. 아니면 워낙 가르치려 드는 습성이 몸에 배 있는 사람
인 때도 있다. 물론, 사람이 좋아 허물없이 대화 나누길 즐
기는 이들도 있다.

봉 감독은 그 어느 편도 아니다. 질문이 나오면 상대의
의도에 딱 맞춰 답변한다. 그렇다고 하나를 물어보면 딱
하나만 대답하는 인터뷰이도 아니다. 관련된 정보와 이야
깃거리를 줄줄이 꺼내준다. '우문현답'도 잘한다. 추상적
이거나 애매한 질문을 해도 구체적으로 답해준다.

말은 많은데, 뒤돌아서면 도대체 내가 무슨 말을 들었
는지 모르게 만드는 사람도 있다. 말에 알맹이가 없는 경

우다. 말은 그럴 듯해 보이는데 막상 받아 적어 놓은 노트 북을 보면 도대체 앞뒤가 안 맞고 뒤범벅에 중언부언인 때도 있다.

봉 감독은 그렇지 않다. 말이 빠른 편이고, 전달하는 정보의 양이 많은 편임에도 글로 옮겨 놓으면 문장의 완성도가 높다. 구어임에도 상당히 완결적인 문장을 구사한다.

사례와 비유가 많은 것도 봉 감독이 구사하는 언어의 특징이다. 자신의 경험은 물론이고 영화계에서 듣거나 겪은 일, 세계 영화사 속에서의 일화를 늘 예로 든다. 축구 같은 실감나는 비유도 잘 쓴다.

예를 들어보자. 〈괴물〉 때다. 극중 한강에서 등장하는 괴생명체의 생김새를 물었더니, "등이 굽은 기형 물고기를 원형으로 했는데, 길이는 10여 미터, 높이는 승합차 정도다. 아가리는 덩치 큰 싸이더스 차승재 대표가 입에 통째로 들어가는 정도다. 현실적인 크기를 가지는 게 중요했다. 너무 크면 어린이 영화스러우니까. 진짜 같은 모습과 움직임을 담기 위해 '동물의 왕국'과 '내셔널 지오그래픽'을 빼놓지 않고 봤고 동물학도 통달했다"고 답했다.

말을 들으면 딱 느낌이 온다. 크기를 설명하는데 수치와 인상의 시물(숭합치)을 적절히 이용해 실김이 나도록 말했다, 기자와 자신이 모두 아는 사람(차승재)을 이용해 괴물의 크기뿐 아니라 괴물의 습성(사람을 잡아먹는다)도 설명했다. 웃음은 덤이다. 괴물의 크기와 생김새를 물었을 뿐인데 아이디어의 이유와 출처에 대한 정보도 전했고, 한발 더 나아가 구상의 과정도 설명했다.

당시 괴물은 컴퓨터그래픽(CG)으로 창조됐다. 그렇다면 괴물과 사람이 함께 나오는 장면은 어떻게 촬영했을까. 봉 감독에게 "CG와 실사가 구별되지 않는다"며 칭찬 반 질문 반의 말을 던졌다. 봉 감독은 의도를 정확히 알아챘다.

"괴물은 100퍼센트 디지털 캐릭터다. 다만 일부 장면에서는 괴물 아가리 부분만 제작해서 활용했다. 현장에서는 스태프가 검은 타이즈를 뒤집어쓰고 괴물 대역을 한 적도 있다. 보이지 않는 대상과 연기하고 그것을 촬영해야 하니 우리 스스로가 한심하고 웃길 때가 많았다. 괴물 캐릭터의 컴퓨터그래픽 제작비를 따져 출연료로 계산하면 한 컷당 3000만 원이다. 영화제작비 100억 원이면 사실 할리우드에서는 초저예산 영화에 해당한다. 그런데 영화사(事)를 보면 자본과 환경의 제약이 오히려 감독에게 새로운 영감과 상상력의 원천이 되기도 했다. 스티븐 스필버그가 〈조스〉를 찍으며 고무 상어를 만들어 썼는데, 이게 카메라 각도에 따라 가짜임이 드러나고 보기 싫고 흉한 거다. 그래서 새롭게 창조한 테크닉이 '시점숏'이다."

'시점숏'은 카메라가 마치 등장인물의 눈인 듯 1인칭으로 찍은 장면을 말한다. 봉 감독의 말은 〈조스〉 중 바다에서 노는 피서객을 식인상어 조스의 시점으로 보여준 장면을 이른다. 사냥꾼의 시점으로 먹잇감을 묘사하듯 바닷가의 사람들을 보여줘 상어를 스크린에 보여주지 않으면서도 공포감을 극대화했다.

〈괴물〉은 주한미군이 무단방류한 폐독극물이 한강에 흘러들어가 돌연변이 괴물을 만들어낸다는 이야기다. 이야기의 발단은 그렇지만 전체적으로는 미국을 비판하기보다는 재난에 대처하지 못하는 권력의 무능함과 부조리를 풍자했다. 그럼에도 개봉 당시 일부 보수언론에서는 '반미영화'라고 비판하기도 했다.

나는 "〈살인의 추억〉에 이어 권력에 대한 비판적 시각이 녹아 있는 작품을 만들었다"고 얘기를 꺼냈다. 그에 대한 봉 감독의 답이다.

"주한미군이 독극물을 무단방류한 2000년 맥팔랜드사건을 참고했고 베트남전, 이라크전에 대한 비유도 있다. (주한미군과 미 정부 관계자 역할을 맡은) 미국인 배우와 스태프들이 시나리오를 읽고 '우리가 뽑았지만 부시(2003년 당시 미국 대통령)가 멍청하긴 해. 우리나라 군대는 가는 데마다 말썽이야'라며 킥킥거리더라. 하지만 민족주의적인 반미영화는 아니다. 괴물과의 싸움을 더 힘들게 하는 무능한 사회시스템을 풍자한 것이다."

봉준호 감독의 어법이 대개 이렇다. 상대의 의도를 명확히 간파하고, 요점이 정확하면서도 사례가 구체적이고 풍부하다. 상대가 하나를 원하면 두세 개 덤으로 얹어준다. 그런데 덤도 알짜다. 여기에 실감나는 몸짓이나 성대모사도 곁들인다. 아주 추상적인 개념어부터 사람들이 자주 사용하는 가벼운 욕설, 최근 유행하는 은어까지 섞어 쓴다. 그러면서 유머를 담는다.

봉 감독의 영화는 딱 감독의 말과 어법을 닮았다. 모든

장면이 영화를 보러 극장을 찾은 관객의 요구에 대한 '답'
이다. 그 답은 관객의 요구에 덤을 얹어 돌아오고, 관객의
예상보다 한두 걸음을 앞서간다. 난해하거나 어렵거나 추
상적이지 않다. 구체적이고 실감나는 이야기로 전개된다.
늘 농담이 있고, 비애가 있으며, 반전이 있다. 작품 전체
의 메시지는 추상적일 수 있이도 스크린에서 벌어지는 일
은 늘 현실적이고, 생생하다. 관념적이거나 어렵지 않다.
그의 영화는 그의 말처럼 익숙한 관용구와 새로운 수사를
능숙하게 섞어가며 관객을 빨아들인다.

봉준호
천재설?

# 유전자 조작 감독, 봉장

"영화 〈아마데우스〉로 말하자면 봉준호는 살리에르다."

모차르트가 아니고? 봉준호 감독의 〈플란다스의 개〉와 〈살인의 추억〉을 제작한 싸이더스 차승재 대표가 지난 2003년에 한 말이다. 당시 이 말은 〈살인의 추억〉이 흥행하고 나서 봉 감독이 주목받으며 '봉테일', '웰메이드' 등의 말과 함께 한국 영화계에서 꽤 회자가 됐다. 차 대표의 말에서 모차르트는 〈지구를 지켜라〉의 장준환 감독이었다.

앞에서 잠깐 언급한 적이 있지만, 봉준호, 장준환 감독은 당시 한국 영화계에서 가장 주목받는 신인 감독이었다. 두 감독 모두 제작자 차승재가 발굴했다. 두 감독은 당시 한국 영화계에서 가장 중요한 영화들을 내놓던 차승재 대표의 제작사에서 데뷔했을 뿐 아니라 한 살 차이라서 비슷한 또래였고 한국 영화아카데미 동기라는 점에서도 비상한 관심을 받았다.

데뷔작이 처참하게 실패했다는 것도 공통점이었는데 2003년에는 운명이 완전히 엇갈렸다. 장 감독이 망한 데뷔작을 낸 게 이때였고, 마침 봉 감독은 두 번째 영화 〈살인의 추억〉으로 대박을 터뜨렸다.

두 감독의 데뷔작은 아마도 한국 영화 사상 가장 극적인 사례에 속할 것이다. 평단에서는 호평이 쏟아진 반면, 객석은 싸늘하기 그지없었다. 2000년에 개봉한 봉 감독의 〈플란다스의 개〉는 10만7000명의 관객이 들었고, 2003년에 개봉한 장 감독의 〈지구를 지켜라〉는 6만7000명을 끌어 모았다.

2003년은 여러모로 한국 영화에는 의미심장한 해였다. 그 출발이 사실상 〈지구를 지켜라〉였다. 격찬 속에 개봉했지만 쫄딱 망했고, 이 때문에 제작사 싸이더스는 문을 닫을 뻔했으나 〈살인의 추억〉으로 살아났다. 이 해에 김지운 감독의 〈장화, 홍련〉, 박찬욱 감독의 〈올드보이〉가 개봉했다. 그해 겨울에는 강우석 감독의 〈실미도〉가, 이듬해 2월엔 강제규 감독의 〈태극기 휘날리며〉가 개봉해 차례로 관객 1000만 명을 돌파했다. 〈실미도〉는 한국 영화 첫 1000만 관객 작품이 됐다.

〈지구를 지켜라〉는 〈플란다스의 개〉 이상으로 한국 영화 사상 가장 인상적인 데뷔작이자 가장 저주받은 데뷔작이라 할 만했다. 일단 내용 자체가 이전 한국 영화에서는 듣도 보도 못한 것이었다. 기괴하고 기발했다. 만약에 지금 만들어진다 해도 대규모 상업영화로 개봉하기 쉽지 않을 정도의 영화였다. 얼마나 내용이 황당한지 잠깐 살펴보자.

며칠 내에 외계인의 침입으로 지구가 멸망할 것이라고 믿는 청년 병구(신하균 분)가 주인공이다. 그는 지구를 구하고자, 지구에 잠입한 외계인을 찾아 납치해서는 끔찍한 고문을 가한다. 병구가 외계인이라며 납치한 사람은 화학 공장의 사장(백윤식 분)이다. 그는 경찰청장의 사위로서 회사를 경영하며 주가조작부터 산업재해 및 직업병 은폐, 구사대 동원 등 노동탄압까지 온갖 불법과 비리를 저질러 온 사람이다.

여기서 청년 병구는 한국 사회의 모든 비극을 한 몸으로 다 겪있다고 할 만한 인물이다. 어렸을 때 친구와 교사로부터 괴롭힘을 당하고, 탄광노동자였던 아빠는 사고로 어이없이 죽고, 어머니는 화학공장에서 일하다 병을 얻어 식물인간이 되고, 여자 친구는 구사대에 죽임을 당했다. 영화는 연속적인 비극을 당한 병구의 황당무계한 망상을 좇아가며 전개된다. 한국 사회의 부조리한 현실을 납치·복수극과 SF스릴러를 결합한 B급 영화 스타일로 담아냈다. 이 영화로 장 감독은 대종상과 대한민국영화상 등 2003년의 거의 모든 신인 감독상을 휩쓸었다. 당시만 해도 명망을 유지하고 있던 모스크바영화제와 로테르담 영화제의 감독상도 움켜쥐었다.

장준환 감독의 이야기를 꽤 길게 한 이유가 있다. 나도 당시 장 감독의 데뷔작을 보며 열광했기 때문이다. 봉 감독과 장 감독에 더 환호한 이유는 나와 같은 또래였기 때문이기도 했다. 봉 감독이 69년생, 장 감독이 70년생이다. 장 감독이 나보다 한 살 많다. 여기에 인문학도 출신의 영화광이라는 점도 비슷했다. 봉 감독은 사회학도고, 장 감독은 영문학도(성균관대)로 둘 다 대학 졸업 후 한국영화 아카데미에서 본격적으로 연출 수업을 받았다. 나도 또한 대학에서 인문학(국문학)을 전공한 뒤 영화평론을 계기로 영화 기자까지 하게 됐다.

88학번인 봉 감독과 89학번인 장 감독. 그리고 91학번인 나. 같은 세대로 공유하는 문화가 많았다. 장 감독은 〈지구를 지켜라〉 때문에 만났을 때 자신의 세대를 이렇게 얘기했다.

"〈어깨동무〉, 〈소년중앙〉 등 어린이잡지에 실린 만화를 보고 성장했고, 대학 시절에는 사회적 이슈에 집중한 386세대와 대중문화의 세례를 듬뿍 받은 70년대생 사이에 있었다. 386세대는 내 작품을 보고 '덜 치열하다'고 하고, 나와 같은 세대인 70년대 초반생은 가장 좋아하고 열렬한 반응을 보여줬다. 반면 그 아래 세대는 내 작품에 섞여 있는 사회적 시각이 좀 부담스럽다고 한다."

어린이잡지 〈어깨동무〉와 〈소년중앙〉을 보고 큰 세대. 나도 그랬다. 봉 감독이 어렸을 때 즐겨보고 가장 좋아하는 작품 중 하나라고 꼽은 〈꺼벙이〉는 월간지인 〈소년중앙〉에 연재되던 '명랑만화'였다. 〈소년중앙〉과 〈어깨

동무〉에 더해 〈새소년〉까지가 당시 3대 어린이 잡지였다. 나는 〈소년중앙〉 팬이었는데, 매달 나오는 첫날 문구점에 들려 사던 기억이 난다. 내가 기억하는 〈소년중앙〉의 가격은 500원인데, 자료를 찾아보니 70년대 초반에는 200원이었고 70년대 말에 900원까지 올랐다고 한다. 아마 내가 보기 시작한 때는 70년대 중반일 것이다. 기억이 나는 작품으로는 〈꺼벙이〉 외에도 독고탁이 주인공이던 이상무 화백의 〈비둘기합창〉, 까목이가 주인공이던 이두호 화백의 〈축구소년 까목이〉, 팔팔이와 로봇이 주인공인 신문수 화백의 〈로봇 찌빠〉 등이 있다. 한국 만화의 전설이라 할 만한 쟁쟁한 화백들의 작품이다. 내가 글을 깨우칠 무렵부터 봤던 만화들이다. 아마 봉 감독이나 장 감독도 마찬가지였으리라. 당시 가장 인기 있었던 〈소년중앙〉이 봉감독이 태어난 1969년부터 발간됐다고 하니 말이다. 우리 세대에게는 기억에 닿는 유년 시절의 글과 그림, 문화적 원체험에 가까울 것이다. 그래서인지 지금도 독고탁, 까목이, 팔팔이 등 캐릭터의 이름과 그림이 기억에 선명하다. 꺼벙이와 팔팔이는 명랑만화체였고, 독고탁이나 까목이는 극화체였다.

TV로는 만화뿐 아니라 아빠 엄마와 함께 연속극을 보고, 책으로는 어린이잡지로 만화를 즐기던 60년대 말 ~70년대 초반 생들은 80년대 말~90년대 초반 학번으로 대학에 진학했다. 캠퍼스에는 80년대를 채우던 이데올로기와 집단주의 문화가 서서히 물러가고 대중문화와 개인주의가 세력을 키워가고 있었다. 전투적 이념과 내중문화에 대한 열광이 중첩되던 시기였다. 화염병 불꽃과 최류탄 연기가 랩의 라임, 록의 일렉트릭기타 선율과 어우러졌다. 90년대에 접어들면서 노래패의 민중가요와 록밴드의 공연이 교차했고, 정태춘의 노래와 서태지의 음악이 동시에 울려 퍼졌다.

90년대 들면서 대학에선 'X세대', '신세대'라는 말이 등장했고, 90년대 중반에는 대중영화와 대중음악을 분석하고 소개하는 잡지들이 대거 나오기 시작했다. 박찬욱, 김지운 감독 세대만 해도 국내 개봉이 되지 않거나 비디오로도 출시되지 않은 외국영화나 세계영화사의 걸작들을 보기 위해 영국, 프랑스문화원을 다니던 세대였다. 그러나 봉준호, 장준환 감독 등이 대학을 다니던 시절은 곳곳에 영화광들의 모임이 생기고 소규모 상영극장인 '시네마테크'가 운영되던 시절이었다. 이곳에선 영화사의 고전이나 미국 독립영화, B급 영화들을 구해 상영하곤 했다. 대학생들이 정치에서 문화로 관심을 옮겨가던 시절이었다.

95년엔 한국 영화계에 의미 있는 일이 생긴다. 영화전문 월간지 〈키노〉와 주간지 〈씨네21〉이 나란히 창간한 것이다. 공교롭게 두 잡지 모두 5월 창간이었다. 봉 감독은 〈키노〉를 꼬박 꼬박 사 보았다고 한다. 한국에서 영화를 좋아한다는 청년이라면 〈키노〉나 〈씨네21〉의 구독자였다. 나도 〈키노〉를 창간호부터 매달 사보았다. 내가 영화평론으로 데뷔한 잡지도 〈키노〉다.

어린 시절 TV와 만화, 대학 시절 정치이념과 대중문화. 그리고 그것의 종합으로서의 영화. 이런 것이 봉준호와 장준환 세대의 감독들, 영화광, 영화팬의 공통점이 아닐까. 장 감독은 데뷔작이 열광적으로 호평을 받았음에도 흥행의 저주를 벗어나지 못하고 10년이나 기다린 끝에 2013년 〈화이: 괴물이 삼킨 아이〉로 두 번째 작품을 냈다. 세 번째 작품이 2017년 개봉한 〈1987〉이다. 이 작품은 대대적으로 흥행에 성공했다. 〈1987〉의 국내 관객만

723만 명이니 데뷔작에 비해 무려 100배의 관객이 더 든 것이다.

〈플란다스의 개〉부터 〈기생충〉까지 봉 감독의 모든 작품, 장 감독의 〈지구를 지켜라〉와 〈1987〉, 이들 작품을 관통하는 것은 할리우드의 주류 장르나 B급 영화에 대한 열광, 그리고 한국 사회의 현실과 부조리에 대한 강한 비판 의식이다.

봉 감독과 장 감독은 2003년 당시 '천재형 감독'이라는 평가를 비롯해 공유하는 점이 많았다. 그러나 두 사람은 스타일이 달랐다. 어법도 달랐다. 봉준호 감독이 달변이라면 당시의 장 감독은 다소 눌변이라는 느낌을 줬다. 십 년 후인 2013년 만나 보니 장 감독이 많이 달라지긴 했지만 말이다.

봉 감독이 쏟아내는 스타일이라면 장 감독은 툭 던지는 스타일이었다. 봉 감독이 장난기 어린 눈빛을 한 개구쟁이 소년 같다면 장 감독은 꿈꾸는 듯한 몽상가 느낌이었다. 봉 감독이 좀 더 현실적이라면 장 감독은 환상, 판타지 쪽이었다. 장 감독은 〈지구를 지켜라〉 당시에 차기작으로 두 가지 아이디어를 얘기해준 적이 있다. 하나는 부산 앞바다에 나타난 죽은 인이에 대한 페이크(가짜) 다큐멘터리, 또 하나는 방구가 무기인 슈퍼히어로로 영화였다. 둘 모두 제작되지 못했다.

차승재 대표는 당시 봉준호 감독을 노력하는 천재, 장준환 감독을 타고난 천재라고 일컬었다. 모차르트와 살리에르의 비유가 그래서 나온 것이다. 당시 내가 차 대표를 만나 이 얘기를 다시 한 번 물어보니 "자꾸 그렇게 비유를 하니 봉 감독이 섭섭해할 수 있겠다"며 다른 비유를 들었다. 봉 감독이 개미라면 장 감독은 베짱이 스타일이라고 했다. 그 말도 봉 감독이 좋아했을 것 같지는 않다. 조삼모사, 엎치나 메치나였던 것 같다.

모차르트든 살리에르든 봉준호가 '천재형'이라는 말은 〈기생충〉 이후 더 불거졌다. '봉준호 천재설.' 어떤 면에서 그럴까.

천재는 모르겠고 영재성 중 창의성을 평가하는 요소로 유창성과 융통성, 독창성, 정교성, 민감성 등이 있다고 한다. 여기에 비춰보면 봉 감독이 탁월한 창의성을 가진 것만은 틀림없다.

유창성은 특정한 상황이나 문제가 닥쳤을 때 얼마나 많은 아이디어를 빠르게 낼 수 있느냐를 측정하는 개념이다. 다양한 정보와 이야깃거리를 이어가는 '달변'의 면모는 유창성의 증거로 충분할 것이다. 봉 감독은 한 번은 소규모 간담회에 참석해 "토스만 한 번 올라오면 스파이크 오십 개는 때릴 수 있다"며 질문이나 주제를 던져 달라고 한 적이 있다. 화제가 제시되면 아이디어는 무궁무진하다는 얘기다.

융통성은 유연하고 개방된 사고를 말한다. 서로 다른 분야와 범주를 넘나들며 유사한 구조와 형태를 찾아내고 적용하는 능력을 말한다. 얼마나 이질적인 범주나 개념 속에서 유사성을 찾아내 아이디어로 만들어내느냐가 관건이다. 비유나 상징, 수사 등의 능력과도 관계된다. 봉 감독은 자신의 영화에 대해 '이질적인 것들의 충돌'을 즐긴다고도 했다.

유창성은 어떤 특정한 문제나 분야에서 얼마나 많은 해결 방법을 제시할 수 있느냐를 따진다면, 융통성은 여러 문제와 다양한 분야를 넘나들며 아이디어를 고안해낼 수 있느냐를 따진다.

〈기생충〉에 박 사장(이선균 분) 가족이 캠핑을 떠나 비어 있는 집에 기택(송강호 분)의 가족이 침입해 먹고 마시며 난장판을 만들었다가, 가족이 돌아오자 모두 탁자 밑으로 숨는 장면이 있다. 사람이 실내 불을 켜면 어둠 속에 나와 있다가 어디론가로 숨어버리는 바퀴벌레의 이미지다. 봉 감독은 영화배우라는 직업의 특수성과 곤혹스러움에 대해 말하며 "슛이 들어가고 조명이 켜지면 촬영장에 드글드글하던 스태프가 바퀴벌레 숨듯 어디론가로 사라지고 카메라 앞에 혼자만 덩그러니 남아 울고 웃고 해야 하는 직업"이라고 한 적이 있다. 전혀 다른 상황과 현상, 이미지를 연결시켜 실감나게 묘사하는 이 같은 능력은 '융통성'이라고 해야 할 것이다.

봉 감독의 작품에서는 늘 수직, 수평의 구조와 공간적 이미지가 매우 중요하게 다뤄진다. 〈플란다스의 개〉에서는 반려견의 추락사, 아파트의 옥상과 지하실의 대비 등 수직과 하강을 의미하는 장치나 계기들이 반복해서 등장한다. 거듭되는 추격전은 수평적인 움직임으로 작품에 활력을 불어넣는다. 수평과 수직의 교차는 〈괴물〉에서도 이루어진다. 영화의 초반부 한강 다리 위 한 남자의 투신 장면부터 교각 밑에서 괴물이 출현하는 장면까지 수직의 이미지는 비극성을 강조한다. 반면 강두(송강호 분) 가족과 괴물 사이의 추격전은 주로 수평적인 흐름으로 보인다. 〈설국열차〉는 계급이나 비극성과 관련된 수직의 이미지를 '수평화'한 작품이다. 세로를 눕혀 가로로 놓은 것이라고나 할까.

수직적으로 맨 아래 위치하는 지하는 〈기생충〉에서 가장 중요한 공간이다. 기택의 가족은 반지하에 살고, 박 사장 집 지하실은 영화의 비밀을 담고 있다. 마치 〈오페라의 유령〉처럼 지하 공간에는 정체를 알 수 없는 존재가 있는데 이 역시 〈플란다스의 개〉와 〈기생충〉에서 중요한 모티브가 된다.

수직-수평 이미지나 지하실의 활용은 서로 다른 공간과 맥락, 이야기를 넘나들며 의미를 창출해내는 봉 감독의 '융통성'을 보여주는 좋은 사례일 것이다.

창의성의 나머지 요소는 독창성과 정교성, 민감성이 있다. 독창성은 이제까지와 다르고, 남들과도 구별되는 새롭고 참신한 아이디어를 말한다. 정교성은 어떤 아이디어의 논리적, 구조적 완결성과 세부적 완성도를 의미한다. 봉 감독이 영화가 갖는 서사적 완결성이나 기술적 완성도, 그리고 '봉테일'이라는 별명은 정교성을 방증하고도 남는다.

민감성은 세상의 현상이나 주변 환경의 자극에 대한 반응과 탐구 능력을 의미한다. 일상에서 갖게 된 감각적 인상을 새로운 아이디어로 만들어 내는 능력이다.

〈플란다스의 개〉는 봉준호 감독이 초등학교 때 아파트 옥상에서 그을린 강아지 가죽을 본 경험으로부터 출발했다고 한다. 〈괴물〉은 고교 시절 강변의 아파트에 살 때 창밖으로 본 시꺼먼 물체로부터 떠올린 아이디어다. 그리고 대학 시절 우연히 목격한 김혜자의 외출은 〈마더〉로 이어졌다. '민감한 준호 씨'가 아니었더라면 그냥 잊혔을 일이다.

중산층 소년의
은밀한 공포,
봉준호의 자화상

 불안열차

"나도 몰랐는데, 어느 날 돌이켜보니 정말로 세 작품(《살인의 추억》, 〈괴물〉, 〈마더〉) 연속으로 교복 입은 여학생이 죽더라. 내 속에는 사회에 대한 비판의식이라기보다는 사회에 대한 두려움이나 공포가 있는 것 같다. 온실 같은 중산층 집안에서 자랐으니까 오히려 바깥세상으로 한 발 내딛는다면 추락할 수 있다는 공포와 불안이 더 컸던 것 아닐까? 우리 집안도 물론 여느 가정과 다르지 않게 복잡한 사연도 있고, 히스테리컬한 문제도 있다. 만약 내가 회사원이 됐다면 부적응자가 됐을 것이다. 영화를 하게 돼다행이지."

봉준호 감독의 말이다. 그는 어린 시절에 대해 "개학이 다가오면 되게 불안해지는 스타일이었다"며 "할 것 다 했는데도 개학과 동시에 뭔가 문제가 생기지 않을까 되게 불안함이 많았다"고도 토로한 적이 있다.

아카데미상 시상식을 주관하는 미국영화예술과학아카데미 사무국은 지난 1월 봉준호 감독이 그린 자화상(캐리커처)을 인스타그램에 올려놓으며 〈기생충〉의 후보 지명 부문을 발표하기도 했다. '봉준호 바이 봉준호' 캐리커처는 덥수룩한 곱슬머리에 안경, 그리고 땀 한 방울이 그려져 있다. 성인이라기보다는 소년 봉준호에 더 가까워 보인다. 나는 땀방울과 표정에 더 눈길이 갔다. 내가 봉 감독으로부터 들은 '중산층 소년의 은밀한 불안과 공포', 딱 그거다 싶었다.

〈올드보이〉에 이런 대사가 나온다. "사람은 말이야, 상상력이 있어서 비겁해지는 거래"라는 말. 오달수가 최민식의 이를 뽑는 장면이었던 걸로 기억한다. 또 창의성이 높은 사람일수록 걱정이 많다는 가설과 연구결과도 있다. 런던 칼리지의 애드 퍼킨스 박사는 창의성과 신경증의 상관관계를 오랫동안 연구해온 학자인데, 창의성이 높은 사람들은 평온한 상태에서도 걱정과 불안, 위협을 느끼는 뇌 부분이 활성화되는 경향이 있다는 요지의 주장을 하기도 했다. 침대에 누워 있거나 의자에 앉아 있어서 주변에 위협거리가 없는 상황에서도 신경이 예민하고 상상력이 뛰어난 사람들은 부정적이고 위험한 상황을 머릿속에서 지어내는 경향이 있다는 것이다. 〈올드보이〉 대사 중 '비겁' 대신 불안, 공포, 신경증 등을 대입하면 똑같은 의미의 말이 된다.

봉 감독의 누나나 선후배, 지인이 여러 인터뷰에서 전한 이야기를 종합하면, 봉 감독이 살던 곳은 늘 중산층과 서민, 하층민이 섞인 동네였던 듯하다. 동생이 어려운 친구를 데려와 집에서 밥을 먹이곤 했다고 봉 감독 누나는 얘기한다. 상상력이 뛰어난 소년은 주변의 불행이나 신문, TV에서 보도되는 사건, 영화나 드라마에서 그리는 비극을 접하며 자신에게도 그런 일이 일어날 수 있다는 두려움을 갖게 된 것이 아닐까. 말썽 한 번 피우는 법 없이 공부 잘하고 숙제 잘해가는 소년의 마음 한편에는 늘 '내일 시험 망치게 될까', '숙제를 잊고 안 가져가면 어떻게 되나', '혹시 내가 몰랐던 숙제가 있는 것은 아닐까' 등의 걱정이 있었던 것이 아니었을까. 〈플란다스의 개〉의 출발이 된 아파트 옥상의 그을린 개가죽은 소년에게 뭔가 불길한 징조로 받아들여졌을지도 모른다. 고교생 봉준호가 봤다는 잠실대교의 검은 괴생물체는 중산층 집안의 모범생이 가진 불안과 공포의 무의식 덩어리였는지도 모른다. '다 계획이 있는' 봉테일의 자양분은 불안과 공포였는지도 모를 일이다.

봉 감독의 말대로, 그는 전형적이고 유복한 지식인 · 중산층 집안에서 자랐다. 풍요로운 문화적 세례를 받을 수밖에 없는 환경이었다. "온실에서 자랐다"고 표현할 만하다.

아버지는 2017년 타계한 고(故) 봉상균 교수다. 봉 교수는 서울대 미대 회화 전공으로 입학해 응용미술학과로 졸업했다. '한국의 시각디자이너, 그래픽디자이너 1세대'로 꼽힌다. 봉 교수는 대학 졸업 후 문화공보부(현 문화체육관광부) 국립영화제작소 미술실 실장으로 근무했고 대구 효성여대(현 대구가톨릭대) 생활미술학과 창설에 참여해 교수를 역임했다. 한국디자인포장센터(현 한국디자인진

홍원) 연구상무이사를 지냈으며 영남대 미술대, 서울산업대(현 국립서울과학기술대) 교수 등을 역임하면서 디자인 교육에 힘썼다. 2012년 한국디자인진흥원이 선정한 제1대 '디자이너 명예의 전당'에 헌액됐다.

봉 교수는 생전 화가이자 디자이너로 활동했다. 그는 국립영화제작소 미술실에 근무하던 20대 말에 결혼했는데, 부인 박소영씨는 작가 구보 박태원(1909~1986)의 2남 3녀 중 둘째딸이다. 그러니까 박태원이 봉 감독에겐 외조부인 것이다. 박태원은 일제 강점기와 해방공간에서 이상과 함께 한국 모더니즘 문학을 개척한 작가로 꼽힌다. 시로 데뷔했으나 소설에 주력해 단편 〈소설가 구보 씨의 일일〉, 장편 《천변풍경》 등을 지었다. 한국전쟁 중 월북해 북한에서는 역사소설 《갑오농민전쟁》을 썼고 북한 국가훈장 1급을 받았다.

봉 감독이 아카데미상을 수상한 지 약 20일 만인 2월 29일 북한의 한 매체가 박태원을 대대적으로 조명하는 기사를 실었다. 대남용 주관지 〈통일신보〉라는 매체에 "공화국의 품에 안겨 장편소설 갑오농민전쟁을 쓴 재능 있는 작가"라는 제목으로 박태원의 삶과 문학을 소개했다. 기사에는 봉준호 감독이나 〈기생충〉, 남측의 가족 등이 언급되지는 않았다. 그러나 대님 내제를 통해 뜬금없이 소개한 것으로 봐서 봉 감독의 아카데미상 수상이 계기가 된 것이라는 점은 역력했다.

그러고 보면 봉 감독의 이야기꾼으로서의 재능, 문학적인 감수성은 외가로부터, 영상, 회화, 만화에 대한 열정이나 애정은 아버지로부터 물려받은 듯하다. 봉상균-박소영 부부는 슬하에 2남 1녀를 두었는데, 맏아들은 서울대 영문학과 봉준수 교수다. 둘째 딸은 연성대 패션스타일리스트과 봉지희 교수다. 막내가 봉 감독이다. 봉 감독은 큰형과는 여덟 살, 누나와는 일곱 살 터울이다. 봉 감독의 큰형은 외가 쪽 문학의 유전자를, 누나는 아버지로부터 화가의 유전자를, 봉 감독은 그 둘을 하나로 합쳐 받은 셈이다.

봉 감독은 부친이 효성여대 교수로 재직하고 있던 무렵에 태어났다. 그래서 대구가 고향이다. 봉 감독이 〈기생충〉으로 칸국제영화제 황금종려상을 수상한 후 누나인 봉지희 씨가 한 인터뷰에서 밝힌 바에 따르면 봉 감독은 조용하고 말수가 없었고 느렸다고 한다. 공부는 굉장히 잘

하고 리더십도 있었지만 특별히 끼가 있다거나 튀지는 않았다는 것이 누나의 회상이다.

누나의 말에 따르면 봉 감독은 어린 시절 사려 깊고 똑똑한 학생이었으나 나서는 걸 좋아하거나 사교적인 성격의 소년은 아니었던 듯싶다. 말수가 없었고 느렸다는 것은 지금의 모습과는 좀 다르게 느껴진다. 봉 감독도 어린 시절 내성적인 성격이었다고 여러 차례 밝힌 바 있는데, 아마도 영화감독으로서 현장에서 대군단의 스태프들을 이끌다 보니 성격도 말투도 좀 바뀐 것이리라.

봉 감독은 어린 시절 아버지의 서재이자 화실에서 다양한 책을 읽으며 자랐다. 특히 아버지가 화가이자 디자인 교수인 까닭에 영화, 건축, 미술에 관련된 책이 많았다. 아버지가 해외 출장에서 구입해온 물건이나 영화잡지도 봉 감독이 좋아하던 것이다. 또 아버지의 서재에서 늘 클래식음악, 특히 성악곡이 흘러나왔다. 아버지 봉상균 교수는 상당히 자유롭고 개방된 분위기에서 자식들을 키웠던 듯하다. 무엇을 강요하는 법 없이 자식들이 하고 싶은 일을 할 수 있도록 했다고 한다.

봉 감독은 초등학교 3학년 때 서울로 이사했다. 유소

년 시절부터 TV로 드라마와 만화, 영화를 즐겨보며 영화 감독의 꿈을 키웠다는 것은 앞서 말한 대로다. 특히 영화는 많은 작품을 보기보다 몇 편을 여러 번 반복해서 봤다. 앙리 조르주 클루조의 〈공포의 보수〉, 샘 페킨파 감독의 〈와일드번치〉, 〈철십자훈장〉, 스티브 맥퀸이 출연하는 〈대탈주〉, 〈빠삐용〉 같은 작품을 좋아했다.

그는 88학번으로 연세대 사회학과에 입학했다. 약자에 대한 배려심이 많은 똑똑하고 사려 깊은 소년에서 혈기왕성한 대학생이 된 봉준호가 한국 사회의 현실을 외면하긴 어려웠을 것이다. 당연히 강의실보다 거리의 최루탄이 너 익숙하던 1980년대 말 대학가의 정치적·이념적 분위기에 영향을 받았다. 봉 감독과 함께 대학을 다닌 여러 사람의 증언을 들어보면 봉 감독은 앞에 나서서 대오를 이끌거나 조직의 책임을 맡지는 않았다. 목소리를 높여 누군가에게 행동을 강요한 것 같지도 않다. 대신 자신의 신념에 비춰 청년으로서 자신이 할 일을 묵묵히 하던 대학생이었던 것 같다. 자신의 재능을 사회적 참여와 결합해 가면서 말이다.

그의 대학 시절에 대한 몇몇 증언이 있다. 특히 봉 감독의 절친한 대학 동기였던 육성철 씨가 지난 2003년 참여연대가 발간하는 월간지 〈참여사회〉에 기고한 글은 청년 봉준호의 모습을 잘 보여준다. 육성철 씨는 기자 출신으로 청와대 사회조정비서관실 행정관과 국가인권위원회 조사관 등을 역임했다.

당시 육 씨는 봉 감독이 "1988년 대학에 입학한 이래 현실의 모순을 끊임없이 고민했고 변화를 지향하는 흐름에 묵묵히 동참했던" 사람이라고 말하면서 "2003년 4월에 선물한 〈살인의 추억〉도 그런 종류의 물건이리라"고 했다. 봉 감독의 영화가 대학 시절 고민하던 사회현실의 연장선상에 있다고 본 것이다.

육 씨에 따르면 〈살인의 추억〉 촬영이 한창이던 때 봉 감독은 대학 시절 친구들을 급히 소집했다. 〈살인의 추억〉에 20초쯤 등장하는 대학가 화염병 시위 장면을 찍기 위해서였다. 봉 감독은 왜 단역 배우들을 쓰지 않고 옛 친구들을 굳이 불러 모아 촬영할 생각을 했을까. 봉 감독의 제안을 받은 친구들은 왜 선뜻 나섰을까.

뒷얘기가 있다. 봉 감독은 2학년 때이던 1990년 6월 연세대 교문 앞에서 열린 집회에 참석했다. 그런데 그날은 마침 친구들과 농촌활동을 가기로 약속한 날이었다. 봉 감독은 아마도 시위를 미치고 친구들과 합류할 생각이 었겠지만 '교문투쟁' 중 전경에 잡혀 구속됐다. 친구들이 십 년이 넘게 흐른 후 봉 감독의 제안에 응했던 이유가 봉 감독 홀로 '전장'으로 떠나보냈다는 '마음의 빛' 때문이지 않을까 하는 것이 육 씨의 짐작이다.

그런데 이날 봉 감독이 잡힌 이유가 있었다. 그는 그날 시위에서 맨 앞, 이른바 '전투조'로 나섰다고 한다. 화염 병을 들고 시위대를 사수하는 역할이다. 그런데 화염병을 던지려다가 그만 물웅덩이에 미끄러져 넘어졌고 그대로 전경들에 잡혀 '화염병처벌법위반'으로 구속됐다. 그날의 경험은 〈살인의 추억〉뿐 아니라 〈괴물〉에도 담긴다. 극중 박해일이 한강 괴수에게 화염병을 던지려다 그만 놓쳐버 린다. 결정적인 순간, 비장한 행위가 갑작스러운 실수나 우연한 사고로 우스꽝스럽게 변하는 것은 봉 감독 영화 의 특징이기도 하다. 〈괴물〉에서는 무섭게 등장한 괴물이 한강 둔치에서 뒤뚱거리다 미끄러져 넘어진다. 봉 감독 이 농담 삼아 이러한 희비극적인 표현을 '빽사리의 예술' 이라고 말한 바 있는데, 프랑스 영화잡지 〈카이에 뒤 시네마〉가 정색하고 'L'art du Piksari'라고 제목을 달고 분석했다. 봉 감독이 좀 머쓱해하는 일화다.

대학 시절 봉 감독이 화염병만 던진 것은 아니다. 그림 잘 그리고, 이야기 잘 만드는 재능을 활용해 다양한 풍자와 비판의 '문화운동'에도 적극적이었다.

가장 대표적인 사례가 언론에도 잘 알려진 연세대 교내 신문 〈연세춘추〉에 만화를 연재한 것이다. 봉 감독이 군대에서 제대하고 복학한 1993년에 6개월 정도 연재했던 것으로 보인다. 한 컷짜리 '춘추만평'과 네 컷짜리 '연돌이와 세순이', 두 개를 연재했다고 한다. '춘추만평'은 정치, 시사를 주제로 하고 '연돌이와 세순이'는 학내 문제를 주로 다뤘다. 학보사 학생과 함께 회의와 토론을 하고 그리는 식이었는데, 후일 봉 감독이 연대 동문회보와의 인터뷰에서 밝힌 바에 따르면 봉 감독은 한 주에 두 개를 그려야 한다는 '마감공포' 때문에 한 학기 만에 그만뒀다.

뉴스통신사 뉴스1은 〈기생충〉의 아카데미 수상 이후 봉 감독 대학 재학 시절 후배의 이야기를 전했는데, 그 증언 또한 생생하다.

이들에 따르면 봉 감독의 곱슬곱슬한 머리와 저음의

묵직한 목소리는 이제나 저제나 똑같았단다. 다만 당시에는 훨씬 날렵한 몸매에 티셔츠와 청바지 차림을 즐겼다고 했다. 후배들은 '귀여운 복학생', '잘 웃기는 선배', '후배들을 잘 챙기는 동네 형 같은 선배'라고 기억했다. 그림을 잘 그린다는 소문이 나서 만화 작가로 '섭외'가 됐고 봉 감독도 흔쾌히 응했다고 한다. 날카로운 주제의식과 기발한 표현 덕분에 학내 호응도 좋았다고도 한다.

봉 감독은 앞에 나서는 '투사형'이라기보다 묵묵히 제 할 일을 하면서도 후배를 챙기고 유머와 장난기도 있는 청년이었다는 것은 또 다른 후배의 증언에서도 엿볼 수 있다.

봉 감독과 같은 대학 같은 과 1년 후배라는, 시사주간지 〈주간경향〉의 정용인 기자의 얘기다. 정 기자는 〈주간경향〉에 게재한 회고담에서 "굳이 말하자면 다른 선배에 비해 봉 감독은 내성적인 성격이었다"고 했다. "학생회 관련 활동도 과 학회지를 만드는 편집부 이외의 활동은 거의 하지 않았다"고도 했다. "그래도 예술혼이랄까, 그런 것은 엿보였다"면서 봉 감독이 개사에 참여한 풍자곡 이야기를 했다. 이는 봉 감독의 대학 동기인 육성철 씨가

〈참여사회〉에 기고한 글에도 등장한다. 봉 감독이 3학년이던 1990년 봄이었다. 군 입대 전이었고, 화염병처벌법 위반 구속 전의 일이다. 같은 학번 동기끼리 교내 노래제에 안치환의 '지리산' 개사곡으로 참가했다. 가사는 봉 감독이 주도적으로 만든 것으로 보인다. 당시 노태우, 김영삼, 김종필의 민수자유당 힙당을 풍자하는 곡이었다.

정용인 기자의 회고담을 보면 봉 감독이 어느 날 저녁 술김에 과 학회실 벽에 그림을 그린 적이 있다고 한다. '노동해방'이라는 띠를 두르고 한 손을 든 채 구호를 외치는 늙은 노동자의 '벽화'다.

육성철 씨는 기고문에 "그(봉 감독)가 찍은 수많은 사진은 학회실 벽면을 넉넉하게 장식했고, 그가 쏟아낸 숱한 아이디어는 각종 집회와 선거에 요긴하게 활용됐다"고 썼다.

종합하면, 봉 감독은 88학번으로 입학해 3학년까지는 과 학생회나 과 학회 활동을 꾸준히 했다. 투사나 조직활동가로서보다 문화와 예술 부문 운동에 더 관심을 기울였다. 노래면 노래, 만화면 만화, 벽화면 벽화, 사진이면 사진 등 자신의 재능을 활용해서 말이다.

그러다가 1990년 화염병 사건 이후 군에 입대하고, 1993년 제대 후엔 〈연세춘추〉 만화 연재를 하는 한편으로 영화 동아리 '노란문'을 만들어 영화감독으로의 꿈을 본격적으로 키워가기 시작했다.

1994년 한국영화아카데미에 들어가면서 공식적인 영화 수업을 시작한다. 영화 동아리에서 16밀리미터 필름으로 만든 단편이 〈백색인〉(1993), 그의 첫 영화다. 한국영화아카데미에선 〈프레임 속의 기억들〉이나 〈지리멸렬〉 등을 만들었다. 그리고 작가, 조연출 등을 거쳐 드디어 2000년 〈플란다스의 개〉로 데뷔했다.

계획이 불안했던 모범생은 스크립트 속에 완벽한 계획이 있지 않으면 불안한, 감독 '봉테일'이 됐다. 자유분방한 화가 아버지 슬하에서 온갖 순수문화와 대중문화, 서구문화의 세례를 받으며 자란, 호기심 많던 소년은 사회의 불의와 권위주의에 저항하는 운동권 대학생이 됐다. 그리고 어려운 친구를 집으로 데려오던, 사려 깊고 배려심이 많았으나 가끔은 까닭모를 불안에 휩싸였던, 중산층 소년의 상상력은 '추락을 강요당하는 사회 약자에 대한 이야기'로 스크린에 구현돼갔다.

'다 계획이 있는
감독'의
은밀한 불안

숏 설계 속의 기억들

"성격적인 결함 때문에 플랜을 세워놓지 않으면 스스로 굉장히 불안해한다. 마음에 불안과 공포가 많다 보니까, 스토리보드가 전날 밤까지 완전히 짜여 있지 않으면 안 된다. '현장으로 나가서 해보자, 어떻게 되겠지' 이런 마음을 못 먹는다. 겁이 많고 소심해서 그렇다. 누가 물어보면 완전히 세밀하게 설명할 수 있도록 스토리보드가 돼 있지 않으면 불안해서 말이다."

봉준호가 말하는 '감독 봉준호'다. 개학이 다가오면 불안해하던 모범생은 촬영을 앞두고 악몽을 상상하는 감독이 됐다. 〈기생충〉의 대사를 빌리자면 "다 계획이 있는"

감독 봉준호의 플랜과 대단한 디테일은 불안과 공포에 기인한다. 아마도 그는 실제로 수상 소감에서 얘기한 것 같은 '악몽'을 자주 꿀지도 모른다. "모든 장비는 고장 난 상태고 밥차에 불이 난 걸 보고 나는 울부짖고 있는 촬영장" 꿈을 말이다.

봉 감독의 얘기를 듣고 톰 디칠로 감독의 〈망각의 삶〉이라는 영화가 떠올랐다. 봉 감독의 '악몽'을 고스란히 스크린에 옮긴 듯한 작품이다. 주인공이 저예산 영화감독인데, 촬영장이 아수라장이다. 촬영감독은 배탈이 나 화장실에 가서 나올 줄 모르고, 음향기사의 마이크는 카메라 앞으로 자꾸 떨어지고, 배우들은 대사를 까먹고 우왕좌왕한다. 깨보니 꿈이었고, 촬영장으로 가서 실제 촬영을 시작했는데, 이건 악몽보다 더 하다. 배우는 대사를 잊고, 테이크마다 다른 연기를 해서 감독을 미치게 만들더니, 결국은 온 스태프와 연기자, 감독이 뒤엉켜서 아수라장의 싸움판을 만들고 만다.

악몽이 두려운 봉준호, '겁이 많고 소심한' 불안 강박의 감독은 모든 장면을 스토리보드로 만들어 촬영장 벽에 붙여 놓는다. 모든 스태프가 지금 찍고 있는 장면을, 자신이 해야 할 일을 알 수 있도록 말이다. 촬영일이 하루 이틀 늘어나고, 스태프가 연장 근로에 시달리며, 제작비는 눈덩이처럼 불어나는 일이 비일비재한 영화계에서 봉 감독은 〈기생충〉 촬영을 오차 없이, 계획대로 77회 만에 끝냈다. 표준근로계약서를 준수했고, 영화 스태프들의 실질 임금은 올렸다. 밥 시간도 꼭 지켰다.

어떻게 보면 감독은 혼자 영화를 찍는 것 같다. 혼자 일을 다 하는 것 같다. 기획하고 돈을 끌어모으고 시나리오 쓰고 캐스팅하고 촬영하고 극장 잡고 개봉한다. 한편으로 감독은 하는 일이 아무것도 없는 것도 같다. 사실상 필요 없는 존재 같다. 기획과 돈 관리는 프로듀서가 하고, 촬영은 촬영감독이 하며, 연기는 배우가 하고, 편집은 편집기사가 한다.

모든 것을 다 할 수도 있고, 아무것도 안 할 수도 있는 존재. 과연 감독의 역할은 무엇일까.

봉준호는 감독이 하는 일의 본질을 한마디로 "숏의 설계"라고 했다. 숏(shot)은 카메라 셔터의 '켜짐'과 '꺼짐' 사이에 촬영된 하나의 장면을 의미한다. 현장에선 감독의 '숏!'(shoot, 촬영시작)과 '컷!'(cut)이라는 구호에 의해 만들어진다. 의미를 가진, 영화 영상의 최소단위다. 숏이 모여 '신'(scene)을 만들고, 신이 쌓여 '시퀀스'(sequence)가 된다. 시퀀스가 이어지면 비로소 하나의 완성된 작품이 나오는 것이다. 신은 보통 하나의 공간, 하나의 시간대에서 행위나 사건이 이루어지는 것을 말하고, 시퀀스는 대개 하나의 완결된, 작은 이야기를 담아낸다고 볼 수 있다. 글로 말하자면, 숏은 단어(나 구절), 신은 문장, 시퀀스는 문단(단락)인 셈이다. 결국 봉 감독이 말하는 감독의 본질적인 역할인 '숏의 설계'란 작게는 하나의 장면을 만드는 것으로부터 시작해서, 장면을 이어 붙여 신을 이루어내고, 신을 연결해서 시퀀스를 완성하고, 시퀀스를 쌓아서 영화 전체를 축조하는 일이다. 처음이자 마지막, 출발이자 가장 결정적인 것은 숏이다.

봉준호는 "감독은 영화의 처음부터 끝까지 모든 일에 개입하고, 나 같은 경우는 시나리오도 직접 쓰며, 중국영화에서 '도연'이라고 하듯 연기 지도도 하지만, 감독이 하는 일 중에서 가장 중요한 것은 '숏의 설계'"라고 한다. 즉, 글로 된 시나리오를 '시각화'하는 것이다. 대사와 대사를 장면으로 끊고, 인물과 화면의 사이즈, 카메라의 각도와 움직임을 정한다. 감독은 자기가 설계한 숏을 현장으로 가지고 나와 자신의 의도를 설명한다. 촬영감독과 상의하고 배우를 설득한다. 감독은 촬영, 연기, 미술, 편집 등의 모든 일에 개입하고 각 담당 책임자와 상의해서 최종 결정을 내리지만, 다른 부문과 겹지지 않는 감독 고유의 온전한 역할은 '숏의 설계'다.

설계된 숏, 장면 장면을 이어붙인 전체 설계도가 '콘티'(continuity) 혹은 '스토리보드'라고 할 수 있다. 숏을 만화 컷 같은 그림으로 표현해서 이어붙인 것이다. 같은 시나리오라도 감독이 다르면 숏도 다르고 스토리보드도 다르다. 하나의 시나리오에서 감독이 열이면 열, 백이면 백의 '콘티'가 나온다. 그래서 봉 감독은 "숏 설계는 감독의 존재 증명"이라고 했다.

봉 감독은 다른 작가와 협업하는 경우도 있지만, 대개 직접 시나리오를 쓴다. 봉 감독은 시나리오를 쓸 때 이미 숏이나 사운드가 머릿속에서 배열되는 경우가 많다고 한다. 머릿속에서 시나리오와 동시에 '콘티'를 그리는 작업이 이루어지는 것이다. 봉 감독은 "숏이 설계돼 있지 않으면 촬영 현장에서 감독은 바보, 좀비가 되는 것이라고 생각한다"고 했다.

스토리보드가 완벽하게 작성돼 있을수록 현장은 시간과 노력의 손실 없이 가장 효율적으로 돌아간다. 특히 언어와 문화, 작업방식이 다른 외국인 스태프가 있거나, 해외에서 촬영이 이루어질 경우 더욱 효과적이다.

봉 감독은 〈설국열차〉의 일부 장면을 체코의 세트장에서 촬영했다. 봉 감독은 세트장에 작품의 콘티를 인쇄해 붙여 뒀다. 스태프들은 그때 그때 콘티를 보며 촬영 순서와 내용을 확인했다.

스토리보드는 봉 감독 스스로 만들 때도 있고, 봉 감독이 만든 것을 전문 스토리보너가 다시 그리는 경우도 있다. 〈설국열차〉 때는 반반이었다. 설계는 봉 감독이 다 했지만, 절반은 자신이 명랑만화처럼 그린 그림을 활용했고, 절반은 전문 아티스트의 손을 다시 거쳤다. 〈괴물〉 때도 마찬가지였다. 〈마더〉와 〈살인의 추억〉은 온전히 봉 감독이 다 만들었다.

스토리보드가 완벽할수록 쓸데없는 데 돈이 들어가지 않아 제작비도 아낄 수 있다. 예를 들어 감독이 숏 설계와 스토리보드에 자신이 있으면, 스크린으로 보이지 않는 세트 부분은 만들지 않아도 된다. 카메라에 노출되는 부분만 제작하면 된다. 그러나 감독의 스토리보드가 애매하면 미술팀은 세트를 어떤 방향에서 봐도 괜찮도록 다 지어야 한다.

촬영 현장이 난장판이 될 수 있다는 공포를 느끼고 악몽을 꾸는 사람이 봉 감독만은 아니다. 지난 2013년 〈베를린〉 개봉 때 류승완 감독에게 들은 말이다. 〈베를린〉은 베를린에서 신분을 숨기고 암약하는 남북한 첩보원의 이야기다. 많은 장면이 실제 베를린 현지에서 촬영됐다. 브란덴부르크문 파리저 광장에서 촬영할 때였다. 엑스트라 300명이 동원된 대규모 장면. 배우와 카메라, 조명 등 모든 준비가 완료됐다는 신호에 따라 류 감독이 현장으로 나갔다. 그런데 그 순간 머릿속이 백지장처럼 하얗게 됐다. 수백 명의 현장 인력이 모두 감독 얼굴만 바라보는데 아무 생각도 안 나더라는 것이다. 류 감독은 10년 넘게 영화를 만들어왔지만 그렇게 두려웠던 적은 없었다고 한다. 시계 제로 사면초가의 전투 같던 그날의 촬영을 끝낸 밤, 류승완 감독은 당시 할리우드 영화 〈스토커〉를 촬영하느라 미국에 체류 중이던 박찬욱 감독에게 '카톡' 메시지를 보냈다.

"너무 무서운 경험이었다, 선배도 그런 적이 있느냐"
고 물었다. 할리우드에서 첫 영화를 찍느라 자기 코가 석
자였던 박 감독은 "누가 누굴 걱정하겠느냐"면서도 "아
이들 쌀값 번다고 생각해라, 영화는 우리 직업일 뿐이다,
한 걸음 한 걸음 가다가 이게 아닌 것 같으면 다시 찍으면
되지 않겠니?"라고 마음을 진정시켜줬다. 류 감독은 당시
얼마나 힘들었으면 영화를 관두고 빵집이나 할까 하고 생
각했다고 한다. 류 감독은 "〈베를린〉을 찍으면서 매일 악
몽을 꿨다. 인성 파괴 경험이었다. 거울 속의 내 모습이 그
렇게 싫었던 적이 없었다"고 토로했다.

숏 설계에서 가장 중요한 것은 뭘까. 봉 감독은 두 가
지를 꼽았다.

먼저, '스토리의 운반'이다. 실험 영화, 전위 예술의 영
화가 아닌 대중영화는 관객이 납득할 수 있는 내러티브
(서사)를 담아내는 것이 중요하다. 장면마다에 감정과 정
서를 극대화하는 것도 중요하지만, 일단 관객이 따라갈
수 있도록 이야기를 펼치는 것 자체가 쉽지 않은 일이다.

신인 감독은 아예 그것조차 못해 버벅거리는 경우도 있다. 도대체 이야기가 어떻게 흘러가는지 앞뒤가 안 맞는 영화가 나오는 이유다.

관객이 이해할 수 있도록 이야기를 전개해가면서도 각 국면에서 정서와 감정을 극대화시키는 것은 어려운 일이나. 관객에게 너무 친절하면 속도가 느려지고 지루해지며 예측가능하게 된다. 너무 함축과 비약이 심하면 관객이 이야기를 따라가기 어렵다. 설명 과잉과 설명 부족, 그 사이에서 감독은 갈등한다.

봉 감독은 어떨까.

"스토리를 아주 뼈에 박히게 심어주고 싶은 욕구와 교란시키려는 악동 기질이 동시에 있어서 이랬다저랬다 한다"고 했다. 봉 감독답다.

봉 감독이 숏 설계에서 또 하나 중요하게 생각하는 것은 '무엇을 보여줄까' 이전에 '무엇을 보여주지 않을까'다. A, B, C, D 중 A를 찍어 화면에 담는다는 것은 곧 B, C, D를 보여주지 않는다는 뜻이다. 그렇게 본다면 감독의 일이란 화면에서 보여주지 않을 것을 끊임없이 선택해가는 과정이다. "감독이 무엇을 감추고 있는가"를 염두에 두고 관람한다면 관객으로선 영화 보는 또 다른 재미가 느껴질 수 있다.

감독이 보여주지 않는 것은 시나리오상에는 존재하지만 화면에 나타나지 않는 인물이나 공간일 수 있다. 예를 들어 왕가위 감독의 영화 〈화양연화〉에서 극중 장만옥과 양조위는 각각 배우자가 있는 것으로 돼 있고 계속 언급되지만 한 번도 카메라에 모습을 드러내지 않는다. 극중 실재하는 인물을 감독이 감추는 경우다.

코엔 형제 감독의 〈바톤 핑크〉에서는 존 터투로(핑크 역)와 옆집에 사는 존 굿맨(찰리 역)이 친해지지만, 카메라는 존 터투로의 빙반 비춰줄 뿐 존 굿맨이 사는 곳은 보여주지 않는다. 극중에서 항상 존 굿맨이 존 터투로를 방문한다. 봉 감독은 어떤 인물이나 공간을 보여주지 않음으로써 생성되는 특별한 느낌이나 정서가 있을 것이라고 한다.

그것은 아마도 영화 관람만이 아니라 보통 사람의 일상생활 속 심리에서도 일어나는 현상일 것이다. 예를 들어 우리는 지금 내 눈앞에 보이지는 않지만, 나와 함께 있는 것은 아니지만, 어떤 사람을 마음속으로 끊임없이 의

식하고 행동하기도 한다. '지금 이 순간의 나를 그 사람이 봐줬으면 좋겠다'거나 '그 사람이라면 이런 상황에서 어떻게 대처할까'라거나.

공간도 마찬가지다. 지금 내가 있는 곳은 아니지만, 나를 둘러싸고 있다고, 혹은 내 주위 어딘가에 존재하고 있다고 느끼는 공간이 있다. 그것은 내 발밑의 지하실일 수도, 사무실 위층 사장실일 수도 있다. 보이지 않지만 끊임없이 환기되는 어떤 인물이나 공간은 나의 행동과 심리에 영향을 미친다. 영화에서도 마찬가지다.

감독은 시나리오상에는 존재하는 인물이나 공간뿐 아니라, 관객의 눈(카메라) 앞에 있다고 여겨지는 어떤 인물이나 인물의 몸, 사물 등을 감추고 보여주지 않을 수도 있다. 예를 들어 〈살인의 추억〉에서 형사들이 용의자를 취조하던 지하실에 보일러공이 등장하는데, 얼굴은 보여주지 않고 계단을 내려오고 올라가는 다리만 보여준다. 관객들은 보일러공에 눈길이 쏠리고, 그가 혹시 범인이 아닐까, 범인이기 때문에 취조실의 분위기를 살피러 온 것이 아닐까 생각하게 된다. 얼굴을 보여주지 않음으로써 더욱 비밀스러운 효과를 낸다.

어떤 것은 감독이 '눈 밝은 관객'에게 제공하는 특별한 '서비스'일 수도 있다. 봉 감독은 관객 열 명 중 한두 명만이라도, 나중에 DVD를 보는 사람만이라도 알 수 있으면 된다는 느낌으로 촬영하는 장면도 있다고 한다. 〈살인의 추억〉에서 한 여성 희생자가 논길을 가면서 이문세의 '난 아직 모르잖아요'를 부르는 장면이 그렇다. 카메라는 이 여배우에게 초점을 맞춘다. 관객의 눈과 귀는 당연히 이 여배우를 따라갈 수밖에 없다. 그런데 비도 오고 컴컴한 밤으로 설정된 이 장면을 보면 논의 아주 구석에서 검은 형체가 쓱 위로 올라왔다가 다시 숨는다. 봉 감독은 김형구 촬영감독에게 "이 인물에게는 포커스(초점)가 안 갔으면 좋겠다"라고 주문했다고 한다. 대다수 관객이 몰라봐도 영화 전개에 특별한 지장을 주지 않지만, 알아챈 팬은 영화 보는 재미가 더 커질 수 있도록 만든 장면이다.

숏의 설계가 감독 고유의 역할이고 감독의 존재 이유라면, 감독의 작가적 '정체성' 또한 그로부터 나온다. 열 명의 감독에게 똑같은 시나리오를 던져주고 영화를 만들어보라고 하면 열 편의 서로 다른 작품이 나온다. 같은 시나리오라도 감독의 정서와 감정, 취향, 철학에 따라 영화는 전혀 다른 모습을 갖게 된다. 봉 감독은 가수의 창법으로 설명했다. "인순이가 아이유처럼 부를 수는 없는 것처럼" 감독도 고유의 스타일이 있다. 봉 감독은 감독의 스타일이란 식성처럼 몸에 배 있는 것이라서 숏을 설계할 때 자연스럽게 나온다고 말한다. 봉 감독은 "숏을 설계할 때 특정한 스타일로 만들게 되는 충동은 매우 개인적인 것으로, 저마다의 개인사로부터 결정되는 것이 아닌가 한다"고 설명한다. 봉 감독이 아카데미 시상식 무대에서 수상 소감으로 마틴 스코시즈 감독에게 경의를 표하며 인용한 "가장 개인적인 것이 가장 창의적인 것"이라는 말의 의미와도 통하는 생각이다.

봉 감독이 만든 영화의 숏은 여러 가지 특징이 있지만, 그중 하나만 집자면 다른 감독에 비해 비교적 숏의 길이가 길다는 것이다. 장면을 잘게 쪼개지 않고 길게 길게 이어가는 편이다. 일반적으로 숏의 길이가 짧으면 화려하고 속도감이 있으며 시각적 자극이 강하다. 지루하지 않게 느껴진다. 대체로 액션영화나 뮤직비디오의 숏 길이가 짧다. 그래서 숏의 길이가 길 때는 스토리와 카메라의 움직임이 더 중요해진다. 이야기가 흥미롭지 않으면 긴 숏은 자칫 지루하게 느껴지고 관객의 집중력을 흩뜨릴 수 있기 때문이다. 봉 감독은 숏을 쪼개지 않는 대신에 배우와 카메라의 움직임을 중요시한다. 이들의 동선으로 '오케스트 레이션'(전체의 유기적 조화를 만들어내는 것)하는 것을 좋아한다. 이를 봉 감독은 "카메라가 발레하는 느낌"이라고 한마디로 정리한다.

숏당 길이가 짧기 때문에 봉 감독의 영화는 전체 작품의 숏 수가 많지 않다. 〈마더〉가 가장 적은 편으로 600여 컷으로 마무리했고, 〈살인의 추억〉과 〈괴물〉은 각각 900컷 전후다. 〈옥자〉의 〈기생충〉노 900여 컷이고 〈설국열차〉만 1000컷을 넘겼다.

2000년대 이후 한국영화의 촬영 기술이 발달하고 영상이 화려해진 데다가 제작비도 커지면서 컷수는 과거보다 늘어서 평균 1500~2000컷 정도 된다. 영화도 길고, 액션 신도 많은 최동훈 감독의 영화는 2000컷을 훌쩍 넘어간다.

상영시간 두 시간을 가정하면 2000컷의 영화는 숏 하나당 3.6초다. 3~4초마다 한 번씩 화면이 휙휙 바뀌는 것이다. 반면 봉 감독의 작품 중 컷 수가 가장 적은 〈마더〉는 한 컷당 평균 12초다. 그럼에도 그토록 극적이고 강렬하며 역동적인 느낌을 자아냈다. 스토리텔링과 카메라워크, 배우들의 연기를 '오케스트레이션'하는 봉 감독의 연출력이 없이는 불가능한 일이다. 봉 감독은 "숏이 길면 촬영 난이도가 훨씬 높아 진이 더 빠진다"고 말한다.

봉 감독이 만든 영화의 깊이와 완성도를 더하는 것은 촬영기술이다. 예전에 봉 감독이 카메라 기종과 컴퓨터그래픽 관련 문제를 놓고 세세한 기술적 용어까지 써가며 설명하는 모습을 보고 놀랐던 적이 있다. 그만큼 촬영 내용뿐 아니라 기술, 결과, 과정도 잘 안다는 얘기다.

봉 감독은 특히 자신이 빛과 어둠에 민감하다고 한다. 그래서 촬영이나 조명, 컴퓨터그래픽 작업 과정에 깊게 관여할 수 있다는 것이다. 대학 시절부터 사진에 관심을 갖고 많이 찍고 많이 공부하기도 해서 촬영 기술을 놓고 슈퍼바이저랑 세세히 논의할 수 있는 수준이다. 봉 감독은 아주 구체적으로 세부적인 것까지 스태프에게 주문한다. 특히 감독과 촬영감독은 부부관계에 비유될 정도로 호흡이 매우 중요하다고 여긴다. 촬영감독 또한 렌즈나 조명에 대한 철학적 관점을 갖고 있기 때문에 감독과 서로의 작업에 깊이 관여한다. 감독과 촬영감독의 합이 잘 맞아야 현장이 착착 돌아갈 수 있는 이유다.

봉 감독이 약한 부분도 있다. 봉 감독이 농담 삼아 "내 행색 보면 알겠지만"이라는 사족을 달고 설명한 의상, 헤어, 메이크업 분야다. 봉 감독은 일상적으로 옷, 패션에 관심이 적기 때문에 영화 작업에서도 이 분야는 상대적으로 잘 모른다. 플랜과 콘셉트를 세우면 이 분야는 스태프들에게 전적으로 의지하는 편이다.

봉 감독은 자기 영화의 시나리오를 스스로 쓴다. "내가 보고 싶은 영화를 만든다"는 봉 감독의 지론과 맞아 떨어지는 얘기다. 시나리오도 자신이 재미있어야 쓴다. 가끔 "내가 썼지만 어떻게 이런 장면을 써냈지"라고 감탄하기도 한다. 반면 밤새 글을 써 놨지만, 해 뜨고 다시 읽으면 민망하기 짝이 없어 얼굴이 시뻘겋게 달아오르는 경우도 있다. 봉 감독은 "완전 똥이다"라고 자책할 때가 있다고 한다. 확신과 회의가 무수히 교차하는 그런 작업을 수개월에서 1년 정도 거듭하면 작품 한 편이 나온다.

봉 감독이 시나리오 쓸 때의 습관 같은 것이 있다. 반

드시 개방된 곳, 사람들이 들고 나는 곳이어야 한다는 것
이다. 절대로 골방에 처박혀서는 못 쓴다고 한다. 홀로 고
립돼 사방이 차단된 곳에서는 작업을 할 수 없다. 대개는
카페에서 쓴다. 〈기생충〉 시나리오도 그랬다.

봉 감독이 딱 한 번 완전히 고립된 곳에서 시나리오를
쓰려 한 적이 있다. 데뷔작 〈플란다스의 개〉를 준비할 때
다. 제작사에서 강원도 속초의 오피스텔 하나를 임대해줬
다. 임상수 감독이 〈처녀들의 저녁식사〉를 쓴 곳이라, 잘
될 것이라는 말까지 덧붙이면서 말이다. 방도 크고 전면
에 유리창이 있어 바다가 내보이는 풍경 좋은 곳이었다.
그러나 봉 감독은 그곳에 머물던 두 달 내내 한 장도 쓰지
못했다.

완전한 격리생활이 문제였다. 속초에 아는 사람 한 명
없었으니 두 달 동안을 꼬박 혼자 지낼 수밖에 없었다. 대
화를 나눌 사람도, 같이 밥 먹을 이도 없었다. 바깥으로 보
이는 바다도 하루 이틀이나 좋지 나중에는 파도 소리만
들어도 미칠 지경이 됐다. 한 달이 지나니 방 안에서 혼자
얘기하고 있는 자신을 발견하곤 깜짝 놀라기 일쑤였다.
밤이 되면 시나리오 대신 내가 상처 준 사람과 나에게 상

처 준 사람의 명단을 왼쪽 오른쪽으로 나눠 쓰고 "어느 쪽이 많을까" 하는 고민이나 하고 있었다. 봉 감독은 "우울증이 오더라"라고 했다. 결국 서울에 올라와서 집, 카페, PC방 등을 돌아다니며 시나리오를 완성했다. 그 이후로는 절대 글을 쓰기 위해 '자가 격리'는 하지 않는다. 개방된 공간, 사람들이 오가는 곳에서 쓴다.

〈플란다스의 개〉 시나리오를 쓰던 시절의 뒷얘기에는 봉 감독의 여러 면모가 함축적으로 담겨 있는 듯하다. 봉 감독이 스스로를 말할 때 늘 얘기하는 겁, 불안, 공포 같은 강박적 면모도 느껴지고, '소심하고 내성적'이라면서도 늘 사회에 열려 있고 타인에 개방적인 태도도 엿보인다. 그러니 외부세계와 차단된 〈기생충〉의 지하실을 그렇게 오싹하고 음산한 공간으로 묘사할 수 있었던 것이 아닐까. 바로 누구보다 봉 감독 자신에게 가장 두려운 공간이니 말이다.

'비뚤어진 마음'의
장르, 봉준호의
파이널컷

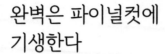

완벽은 파이널컷에
기생한다

"내가 다루는 장르들이 다양한 듯하지만, 실제로는 비슷하다. 변태 장르라고나 할까. 비뚤어진 마음의 장르라고나 할까. 뭔가 속 시원히 해결이 안 되지 않나. 늘 다음엔 속 시원히 해결해보자는 마음도 생긴다. 뒤끝이 안 좋다고 하니 말이다."

'내가 만난 봉준호'로 출발해서 내가 생각하는 '인간 봉준호'와 '감독 봉준호', 그리고 '영화 봉준호'의 종착역에 거의 다 왔다. 마지막에 이르렀으므로 마지막에 관한 이야기를 해야 한다. 그것은 봉준호 영화의 결말과 최종 편집본에 대한 이야기다. 〈살인의 추억〉의 범인 못 잡는 결말에 대한 이야기이며, 〈설국열차〉 머리 칸 엔진룸의 비밀에 대한 이야기이며, 〈기생충〉에서 반복되는 지하실의 비극에 대한 이야기다. 그리고 이 모든 것으로 이루어지는 봉준호라는 장르, 봉준호라는 세계의 감독편집본(디렉터스 컷) 혹은 최종편집본(파이널컷)에 대한 이야기다.

미국의 영화전문 매체 인디와이어는 〈기생충〉이 칸영화제에서 처음 공개됐을 때, "봉 감독은 마침내 독자적인 하나의 장르가 됐다"(Bong finally becomes a genre unto himself)라고 평했다. 봉 감독은 이 평가를 가장 좋아한다고 한다.

〈기생충〉으로 세계 최고 권위의 예술영화제인 칸과 가장 상업적인 영화 시상식인 아카데미를 동시 석권함으로써 명실상부한 거장으로 평가받기 전, 〈설국열차〉 때 만난 봉 감독의 말이다. 그는 자신이 속한 장르를 "변태 장르 혹은 비뚤어진 마음의 장르"라고 칭했다. 요컨대 봉 감독이 마침내 하나의 장르가 됐다면 그것은 곧 '비뚤어진 마음의 장르'인 것이다.

봉 감독이 반은 우스개 삼아 말한 '비뚤어진 마음의 장르'는 역시 반 농담조로 얘기한 '뻑사리의 예술'보다 더

포괄적으로, 더 명징하게 그의 영화 세계를 요약한다. 그렇다면 비뚤어진 마음이란 무슨 의미일까.

내가 생각하기에 그것은 봉준호의 영화에 담긴 세계관이다. 영화가 드러내는 봉 감독의 현실 인식이다. 봉 감독이 세계와 사회 현실을 바라보는 비판적 시선의 다른 이름이다.

비뚤어진 마음이라는 말에는 세계가 정상적으로, 논리적으로, 합리적으로 작동하고 있지 않다는 비판적 인식이 깔려 있다. 부조리한 세계를 부조리한 그대로 그려내는 것은 곧 '리얼리즘'이다.

봉 감독의 영화에서는 주인공이 믿는 그대로, 주인공이 원하는 그대로, 주인공이 옳다고 생각하는 그대로 사태가 해결되지 않는다. 세계는 영화 속 인물의 믿음을 깨뜨리고, 기대를 배반하며, 신념을 무너뜨린다. 봉 감독의 영화 세계에서는 가진 자가 축복받고, 빼앗긴 자는 구원받으며 그래서 모두가 행복해지는 일 따위는 일어나지 않는다. 진실은 끝까지 밝혀지지 않고, 범인은 끝끝내 잡히지 않는 일이 다반사다. 가난한 자는 여전히 가난하고, 복된 자들은 여전히 복되며, 죄 짓는 자들은 여전히 죄를 짓

고, 억울한 이들은 여전히 억울하다. 사필귀정, 권선징악 따위는 없다

"어떻게 이렇게 (행복하거나 통쾌한) 결말이 나겠나 싶은 비뚤어진 마음이 있다. '설마 이렇게 잘 해결이 되겠어'라고 의심하는 변태 심리라고나 할까. 우리가 실제로 살아가면서 문제들이 어디 잘 해결되나. 대부분은 해결 안 되지 않나?"

해피엔딩 '안 되는' 세상을 해피엔딩 '없이' 그린다는 애기일 텐데, 그럼에도 봉 감독은 자신의 영화를 '리얼리즘'이라는 좁은 개념에 가두기를 거부한다. 봉 감독은 "넓은 의미에서의 리얼리즘인지는 모르겠지만, 흔히 말하는 영화나 문학에서의 리얼리즘에는 사실 아무 관심이 없다"고 했다. "나는 영화상에서 일어나는, 말도 안 되는 모든 상황을 진짜 현실이라고 믿고 찍는다"고도 했다. 어이없고 부조리한 세상, 말도 안 되게 벌어지는 상황은 황당무계하고 비현실적인 것 같지만, 대개 우리가 살아가고 있는 세계가 그렇다. 합리적이지도 논리적이지도 않다. 나는

봉 감독의 '비뚤어진 마음'을 '비판적인 리얼리즘'이라고 번역할 수 있다고 생각한다. '한강의 괴물'은 세상에 없는 '가상의 존재'이지만, (외국 군대가 주둔해야 하는) 불행한 역사와 (독극물을 무단방류하는) 반생태적인 행위, 무능한 국가권력이 교배해 낳은 돌연변이라는 점에서 지극히 '현실적'이다.

'비뚤어진 마음'의 장르는 '삑사리의 예술'로 구현된다. '삑사리'는 보통 당구에서 공을 조준하고 큐로 쳤는데, 삑 소리를 내며 빗맞는 것을 이르는 속어다. 고려대 한국어사전에는 '노래를 부를 때 흔히 고음에서 음정이 어긋나거나 잡소리가 섞이는 경우'나 '기타와 같은 현악기를 연주할 때 손가락을 잘못 짚어 틱 하고 제소리가 나지 않는 경우', '당구에서, 큐가 미끄러져 공을 헛치는 경우'를 통속적으로 이르는 말이라고 정의돼 있다. 어원에 대해서는 일본어 '낮아지다, 내려가다, 정각이 지나다'는 뜻의 '사가리'(さがり) 앞에 '삑'이라는 의성어가 붙어서 생긴 속어라는 설도 있고, 당구에서 큐로 치는 동작을 이르는 '숏'(shot)에 삑이 붙어서 생긴 말이라는 설도 있다. 봉 감독과의 인터뷰 후 이 표현을 쓴 프랑스 영화잡지 〈카이에

뒤 시네마〉는 "봉 감독의 영화에서 인물의 어이없는 실수가 극의 전개와 패턴에 유의미한 영향을 미치는 순간"이라고 설명해놓았다.

〈카이에 뒤 시네마〉의 설명처럼 봉 감독의 영화에서는 결정적이고 비장한 순간에 중요한 임무나 행위를 하는 인물이 어이없는 실수를 하는 경우가 유독 자주 나온다. 비극의 현장 한 가운데서 종종 '슬랩스틱 코미디'가 벌어진다.

예를 들어 〈살인의 추억〉에는 연쇄살인 사건현장에 형사반장이 출동했다가 논바닥에 미끄러져 넘어지는 장면이 있다. 〈괴물〉에서는 늑슁 운동권이었던 박해일이 화염병으로 괴물에 최후의 일격을 가하려는데 투척 순간 화염병이 손에서 미끄러져 깨진다. 또 송강호가 아버지인 변희봉에게 총을 건네주지만, 괴물과 대면해 쏘려는 순간, 총알이 없다는 사실이 드러난다. 〈기생충〉에서는 지하실 계단에서 지하생활자 박명훈의 이야기를 엿듣던 송강호가 발을 헛디뎌 가족과 함께 넘어지고, 이것이 대혼란의 발단이 된다.

비뚤어진 마음은 영화에 담긴 세계관이자, 비극적 인

물의 우스꽝스러운 해프닝인 삑사리의 예술이며 최종적으로 등장인물은 물론 관객의 예상과 기대를 위반하는 결말로 수렴된다. 그렇다면 비뚤어진 마음의 장르는 어디에서 비롯된 것일까. 봉 감독은 왜 비뚤어진 마음의 장르를 고집하는 것일까. 봉 감독의 말이다.

"내가 영화를 해서 다행이라는 생각을 많이 한다. 내가 일반 직장이나 조직에 적응을 못 하는 편이기 때문이다. 물론 살아오면서 내가 조직에서 문제를 일으킨 적은 없다. 갈등이 생기면 내가 피하고 만다. 내 스스로 생각할 때 비겁한 인간형이라 할 수 있다. 누구의 말이 마음에 들지 않으면 '어떻게 저런 얘기들을 하지'라며 아예 자리를 피해 버린다. 맞서서 항의하는 것이 아니라 '다들 미쳤나 봐' 하고 혼자 생각하고 만다. 그리고 집에 와서 '에이 바보들' 하면서 혼자 욕한다. 고등학교를 다니면서도 문제를 일으킨 적이 없다. 다만 마음에 들지 않는 사람들을 욕하는 만화는 그렸다. 우리 학교 누구누구 선생은 나쁜 사람이라는 식으로 말이다. 연재만화로 그리면 애들이 재미있어 하고 좋아했다."

봉 감독은 자신이 켄 로치 같은 감독은 될 수 없다고 말한다. 켄 로치는 영국의 노동자계급과 사회의 하층민, 영국의 부조리한 사회현실, 민중 투쟁의 역사 등을 소재로 영화를 만들어온 좌파 성향 감독이다. 칸국제영화제에서 황금종려상을 두 번이나 받았을 정도로 영국과 전 세계 영화계에서 존경받는 노장 감독이기도 하다. 봉 감독은 "사회적인 메시지를 제대로 던지는 감독은 못 될 것 같지만, 오히려 더 재미있게 만들 수는 있다"며 "사회를 향한 비뚤어진 마음을 재미있게 표현할 수 있다"고 했다. 봉 감독은 "싸우고 바꾸는 영화"보다 "재미있고 위로하는 영화"를 만들고 싶다고 한다. 그의 말이다.

"제대로 정색하고 저항하고 조직해서 사회의 모순과 부조리에 맞서 싸운다면 물론 좋은 일일 것이다. 실제로 그런 분들도 있고, 나도 또한 그분들을 존경하지만 보통 사람들이 그렇게 하기란 쉬운 일이 아니다. 우리 대부분은 술자리에서 사회를 비판하고 권력자들을 욕하지만 다음 날이 되면 또 멀쩡하게 출근하지 않나. 그것이 우리 대부분의 사람들의 마음이고 살아가는 방식이 아닐까. 나도 그런 인간들 중의 하나로서 사회를 향한 비뚤어진 마음을 정말 재미있게 표현할 수 있을 것 같다. 독특하고 이상한 방식으로 말이다. 영화가 사회를 변화시킬 수 있다고는 믿지 않는 편이다. 내가 꼭 사회를 바꾸는 일을 해야만 한다고 생각하지도 않는다. 그런 일은 정치하는 분들, 정당이든 시민단체든 만들어서 활동하시는 분들의 역할일 것이다. 대신 나는 지치고 피로한 사람들을 위로할 수는 있다. 그것만 잘해도 위대한 임무라고 생각한다. 물론 위로하는 방식이 좋아야 한다. 아편 같은 방식은 아니어야 한다.”

봉 감독이 말하는 ‘비뚤어진 마음’은 스크린에 옮겨지지 않는다면 그저 저녁 술자리 안주로 사라져가는 수많은 욕설과 상상에 불과할 수 있다. ‘비뚤어진 마음’에 숨을 불어넣는 것은 술이 아니라 돈이다. 자본과 결합해야 ‘비뚤어진 마음’은 비로소 장르가 된다.

영화와 자본, 감독과 제작비, ‘비뚤어진 마음’과 돈. 둘 간의 다툼과 화해가 이루어지는 긴장에 찬 ‘최후의 전선’이 바로 결말이며, ‘파이널컷’(final cut)이다. ‘파이널컷’

은 영화가 극장에서 개봉하는 그대로의 최종편집본을 의미한다. 감독은 영화를 촬영하고 편집해 완성본을 영화사(제작사 혹은 투자배급사)에 내놓는데, 내용과 상영시간 등의 이유 때문에 영화사가 수정을 요구하는 경우가 있다. 아예 영화사가 감독을 배제하고 직접 재편집할 수도 있다. 극장에서 개봉되는 '파이널컷'과 대비되는 것이 감독의 편집본, 즉 '디렉터스컷'이다. 파이널컷과 디렉터스컷이 다를 경우 디렉터스컷을 나중에 따로 극장에서 상영하거나 DVD로 발매하기도 한다.

영화와 자본, 감독과 제작비의 관계를 단적으로 드러내는 것이 '파이널컷'에 대한 권리다. 상업영화의 경우 한국에서나 할리우드에서나 대개 계약서에 명시돼 법적으로 규정된다. 할리우드에서는 거의 예외 없이 스튜디오(제작사)가 파이널컷에 대한 권리를 갖는다. 그리고 파이널컷에서 가장 민감하고 첨예한 문제는 보통 결말이다. 결말이야말로 영화가 구현하는 세계관을 결정적으로 드러낸다. 파이널컷의 권리를 감독이 가질 수 있느냐는 곧 그 감독이 영화의 처음부터 끝까지를 통제할 수 있느냐의 문제다. 감독을 영화의 작가라고 부를 수 있느냐의 문제이기도 하다. 때로 감독이 영화를 만들어놓고 개봉한 후 "이 영화는 내 영화가 아니다"라고 하는 경우도 영화사에 선 심심치 않게 나오곤 했다.

봉 감독이 〈괴물〉을 내놓은 2006년 이후 끊임없이 할 리우드의 러브콜을 받아왔지만, 미국 자본과 스튜디오 시 스템으로 만든 작품이 넷플릭스의 〈옥자〉뿐인 이유다. 〈옥자〉는 스튜디오(제작사)가 파이널컷 권리를 갖는 할리 우드의 관행과 달리 봉 감독에게 전권을 맡겼다. 봉 감독 이 흥행 능력을 입증했을 뿐 아니라, 스트리밍 업체였던 넷플릭스가 콘텐츠 제작사로 도약하려는 야심을 갖고 있 었기 때문에 가능한 일이었다.

봉 감독의 〈설국열차〉는 할리우드 슈퍼스타와 세계 각 국의 유명 배우가 출연하고 해외 로케이션이 이루어졌 으며 영어로 촬영된 작품이지만, 한국 투자배급사인 CJ E&M이 돈을 댔고, 박찬욱 감독의 제작사(모호필름)가 제 작을 맡았다. 그런데 북미의 경우 배급권을 산 와인스타 인 컴퍼니가 파이널컷에 대한 권리를 갖고 있었다. 와인 스타인 컴퍼니가 〈설국열차〉를 다시 편집해 북미 지역에 서 극장개봉해도 된다는 얘기였다. 북미 시장이 워낙 비

중이 크기 때문에 가능한 계약이었다. 북미 개봉 버전에
대해서는 봉 감독조차 권리를 주장할 수 없었다

당시 와인스타인컴퍼니는 한국뿐 아니라 전 세계에
서 개봉한 〈설국열차〉 오리지널 버전에서 20분을 잘라냈
다. 그리고 미국 젊은 관객들을 모아 놓고 '테스트 스크리
닝'을 했다. 별로 반응이 안 좋았다. 그래서 봉 감독이 CJ
E&M을 통해 '디렉터스컷', 그러니까 봉 감독이 편집한
한국 상영본을 갖고 다시 테스트 스크리닝을 하자고 제안
했다. 그랬더니 와인스타인컴퍼니가 재편집한 것과는 완
전히 다른 결과가 나왔다. 관객 점수가 훨씬 높았다. 그러
지 자존심이 상한 와인스타인컴퍼니는 봉 감독의 편집본
으로 상영하기로 하는 대신 상영 규모를 축소하고 마케팅
비도 줄였다. 당시 해외 매체는 이를 미국의 거물 제작자
인 하비 와인스타인과 봉준호 감독 사이의 '불화설'로 포
장해 보도하기도 했다. 여담이지만, 와인스타인 컴퍼니의
사주인 하비 와인스타인은 '미투' 운동의 도화선이 된 인
물로, 영화계의 거물로 군림한 수십 년간 여배우를 비롯
해 수많은 영화관계자들을 대상으로 성범죄를 저질러왔
음이 밝혀졌다. 2017년 범행이 처음 폭로됐고, 몇 년간의

수사와 재판 끝에 최근 23년형을 선고받았다. 물론 〈설국열차〉가 개봉한 시기는 하비 와인스타인의 범행이 폭로되기 훨씬 이전이다.

2013년 봉 감독이 〈설국열차〉의 북미 개봉 파이널컷을 논의하러 미국의 와인스타인컴퍼니를 방문했을 당시 옆 사무실에서는 왕가위 감독의 〈일대종사〉를 재편집하고 있었다고 한다. 그런데 왕가위 감독은 보이지 않았다. 원래 할리우드에서는 제작사가 파이널컷에 대한 권리를 갖기 때문에 감독은 아예 입회하지도 않고 편집이 이뤄지는 경우가 다반사다.

할리우드에서 여러 번 연출 제안을 받은 봉 감독은 미국 영화계에서는 일반적으로 감독의 명망과 제작비에 따라 파이널컷에 대한 권리가 달라진다고 전한다. 흥행에 성공한 유명 감독에게 파이널컷에 대한 권리가 조금 더 보장되는 경우도 있다는 얘기다. 그러나 제작비의 일정 한도, 예를 들어 미국에서도 3500만 달러(400억 원 정도) 이상이 투자된 영화는 거의 예외 없이, 제작사가 파이널컷에 관한 권리를 갖는다고 한다. 아무리 거장 감독이나 흥행 감독의 작품이라고 할지라도 말이다.

봉 감독이 미국 영화사의 많은 제안에도 불구하고 한국에서 비교적 작은 규모의 작품을 고집하는 이유 중 하나다. 봉 감독은 〈괴물〉 이후 1억 달러(1200억 원) 이상의 프로젝트도 꽤 여러 건 제안을 받았다. 대부분은 이미 완성된 시나리오였다. 유명 프로듀서의 매우 흥미로운 작품 기획도 포함돼 있었다. 할리우드에서도 몸값 비싼 작가가 쓴 시나리오에 기반을 둔 프로젝트였다. 그런데 문제는 봉 감독이 내용에 개입할 여지가 거의 없었다는 점이다. 시나리오를 수정할 수 있는 권리가 보장되지 않거나 매우 제한적이었다.

봉 감독은 "워낙 좋은 원작이 있거나 탄탄한 아이디어를 가지고 좋은 작가들이 쓴 시나리오라 완성도는 높았지만 내 비뚤어진 마음을 집어넣을 여지는 없었다"고 했다. 봉 감독이 제안받은 작품 중 하나는 로봇이 나오는 SF 영화로 기발한 아이디어를 담고 있었지만, 봉 감독이 보기에 결말이 너무 행복했다. 봉 감독은 '이건 아니지 않나'라고 생각했다. 미국 영화사들이 특히 용납하지 않는 것이 결말을 바꾸는 것이다.

봉 감독이 '근사한 프로젝트'라고 생각해서 구체적으

로 미국 영화사와 몇 번 논의를 진행시킨 적도 있었다. 몇 차례 만나 예산과 촬영 일정 및 기한, 시나리오를 수정할 수 있는 폭 등을 논의했으나 언제나 마지막엔 거절할 수밖에 없었다. 빡빡한 일정과 결말을 바꿀 수 없는 구조가 문제였다. 천문학적인 제작비를 대주는 대신 감독이 가진 운신의 폭은 적었고, 스튜디오의 지배력이 너무 강했다.

6년여 전 만난 봉 감독은 〈설국열차〉가 아마도 자기가 연출하는 가장 큰 규모의 작품이 될 것이라고 말했다. 규모가 커지는 것은 스스로 운신의 폭을 줄히는 것이라 위험한 선택이 될 수 있다는 지론이었다. 물론 그 후 〈옥자〉를 연출하긴 했다. 〈설국열차〉보다 훨씬 대규모 예산이 투입된 작품이었다. 그것은 봉 감독에게 파이널컷에 관한 전권이 주어졌기 때문에 예외적인 사례가 됐다.

그리고 봉 감독은 결국 대규모 제작비가 들어간 할리우드 대작이 아닌 150억 원 규모의 한국영화 〈기생충〉으로 예술영화의 최고봉과 상업영화의 본산을 정복했다.

감독의 숙명은 남의 돈으로 영화를 만든다는 것이다. 모든 감독에게 불안과 공포의 원천이다. 봉 감독을 포함한 모든 감독의 가장 우선적인 소원은 '제작비 회수'다.

그 다음이 '은행 금리 이상의 수익률'이다. 그래야 흥행의 전쟁터에서 살아남아 다음 영화를 기약할 수 있기 때문이다. 아무리 천재적인 작품을 만들어도, 순익분기점을 넘기지 못하는 '사고'가 이어지면 그 감독은 영화계에서 살아남을 수 없다.

"항상 제작비를 회수하고 싶다. 그래야 다음 영화를 할 수 있으니까. 영화를 시작할 때 모든 감독이 그러하듯 나도 손익분기점이 얼마인지 제작사에 물어본다. 마케팅비를 포함해 관객이 얼마만큼 들어야 합니다라는 답이 돌아온다. 싸늘한 공포감이 밀려온다. 잠실야구장에 관중이 다 차면 몇 명이지? 아, 한 해 프로야구 관중수만큼 관객이 들어야 손익분기점을 넘는구나. 무지막지한 공포감이 밀려온다."

공포감은 크지만 대비할 수 있는 문제도 아니다. 흥행의 법칙이란 없기 때문이다. 영화가 잘되고 나면 분석을 하지만, 사후적이고 결과적일 뿐이다. 흥행의 법칙이 있다면 모두가 잘되는 작품만 만들 것이다. 온갖 흥행 요소

를 모아놓고 '테스트 스크리닝'을 수도 없이 해도 안 되는
영화는 안 된다. 이렇듯 남의 돈으로, 대박이 될지 쪽박이
될지 아무도 모르는 일을 하는 것, 그것이 바로 영화이고
감독의 일이다. 봉준호는 "감독이란, 영화를 찍는 일이란,
참 이상한 직업"이라고 말한다.

"남의 돈을 수백억씩 쓴다는 것은 엄청나게 불안하고
두려운 일이다. 특히 나는 한국영화에서만큼은 전권이 주
어지니까 더욱 발가벗고 있는 기분이다. 어떤 핑계도 댈
수 없고, 누구에게도 책임을 미룰 수 없다. 그렇지만 이렇
게 해서 잘 되리란 보장도, 저렇게 해서 안 된다는 법칙도
없다. 그러니까 내 생각대로, 소신대로 할 수밖에 없다. 나
는 내 영화가 '비뚤어진 재미'의 영화였으면 좋겠다. 나는
극장에서 관객의 휴대폰 액정 불이 들어오는 것이 가장
싫다. 관객이 매혹돼 다른 생각을 못 하고 빨려 들어가는
영화였으면 좋겠다. 재미가 있되, 이상한 재미, 괴이한 재
미, 비뚤어진 재미의 영화를 만들고 싶다."

당신은
봉준호월드에
입장하셨습니다

To Be Continued···

비뚤어진 마음의 연대기

그때 하늘은 썩어가는 시신을 두고도 푸르렀으며, 사람들은 끝 모를 공포 속에서도 천연덕스럽게 낄낄거렸다. 사건은 여전히 미해결 파일 속에 남겨져 있었으며, 시간은 어디선가 살아 있을 살인범의 뻔뻔한 일상처럼 아무렇지도 않게 흘러갔다.

잔혹한 살인사건, 잡히지 않는 범인, 도처에 존재하는 절대악으로부터 아무도 보호해줄 수 없었던 무기력한 시대였다. 사람들은 서로 화를 내면서도 서로를 닮아갔다. 살인을 목격하면서 생사의 논리를 배워갔다. 발길질에 채이고 주먹질에 당하면서 폭력의 생리를 체득해갔다. 난자

당한 시신을 옆에 두고도 짜장면을 목으로 넘길 만큼 무감해졌고, 잔인해졌다. 무지마지한 폭력의 희생자이면서 동시에 가해자였던 사람들. 시대에 분노하고 부조리를 증오하면서도 결국은 그와 닮아갈 수밖에 없었던 사람들의 얘기. 기어코 살아내야 했기에 아름다웠고, 살인과 주검을 넘어서야 했기에 끔찍했으며, 죽고 사는 일이 이처럼 어이없어 우스꽝스러웠던 시대의 복기. 응징할 수 없어 추억만 가능했던 죽음의 기록. 〈살인의 추억〉이었다.

그렇게 아주 오래되진 않은 옛날, 비가 오는 밤이면 길을 다니던 여자들이 사라진다는 소문이 돌았다. 하늘이 개면 주검이 하나씩 어디선가에서 나왔다. 세월이 흘렀고 여자들이 사라지던 길엔 아스팔트가 깔렸다. 비오는 밤마다 나타난다던 살인귀도 자취를 감췄다. 그래도 어떤 이들은 쏟아지는 비를 여전히 무서워했다. 쏟아지는 비가 그들을 삶의 벼랑으로 쫓아냈고, 그들은 숨거나 죽을 자리를 찾아야 했기 때문이다. 그래도 그 밤만 버텨내면 태양은 또다시 떠올랐다. 햇빛이 환히 밝힌 대지는 기숙하고 기식하던 지하생활자들이 물러가 한결 깨끗했다. 폭우의 밤이 지나가면, 숨을 필요 없이 떳떳한 이들에겐, 축복 같은 날이 어김없이 밝았다.

이곳에선 누구에게나 똑같이 비가 오고 태양이 떴다. 살인귀가 자취를 감추었으니 아주 나쁜 사람도 아주 착한 사람도 없었다. 그러나 어찌된 일인지 어떤 이들은 낮고 어둡고 습기 찬 곳으로만 자꾸 숨어들었다. 그들에겐 무말랭이 같고 행주 같은 불쾌한 냄새가 났다. 지하의 냄새, 가난의 냄새, 죽음의 냄새였다. 선은 보이지 않았으나 사람들을 갈라놓았다. 지상의 삶과 지하의 죽음이 끊임없이 갈렸다. 그것은 비가 오고 태양이 뜨는 것처럼 그 누구의 잘못도 아니었고 사람이 어쩔 수 있는 것도 아니었다. 정상적인 세계는 부와 가난, 삶과 죽음을 늘 일정한 비율로 재생산함으로써만 정상적일 수 있었다. 〈살인의 추억〉, 곧 썩어가는 시신 위로 펼쳐진 한국의 들판을 뒤로 하고 새로 깔린 아스팔트를 달려 도착한 곳은, 글로벌하고도 초현대식으로 지어진 〈기생충〉의 대저택이었다.

형사가 이단옆차기를 하며 자빠지고 엎어지던 논바닥(〈살인의 추억〉)을 지나, 불안과 불만에 휩싸인 사람들이 개와 함께 서로 쫓고 쫓기는 아파트단지(〈플란다스의 개〉), 새끼를 살리려 아비가 괴물과 싸우는 한강(〈괴물〉), 못난

아들을 구하려 어미가 분투하는 마을(〈마더〉)를 거쳐 당도
한 곳은 머지않은 미래다,

　그때는 날씨가 사람을 죽였다. 사람이 아니라 날씨가
학살자였다. 한강의 괴물이나 슈퍼돼지 옥자 같은 돌연변
이를 만들어내던 사람들이 결국 지구를 얼려버렸기 때문
이다. 눈과 얼음이, 푸르던 하늘도 축복 같은 태양도 삼켜
버렸다. 〈기생충〉의 기택(송강호 분)은 꼬리 칸의 탑승권
이나 얻을 수 있었을까. 아내로부터 "바퀴벌레 같다"는 핀
잔을 들은 기택이는 이제 바퀴벌레 연양갱이나 씹고 있게
될까. 박 사장(이선균 분)은 머리 칸의 한 자리를 받았으려
나. 바이올린 연주 소리를 들으며 스테이크를 썰다가 불
현듯 '바퀴벌레' 냄새로 코를 틀어막으며, 머리 칸에 잠입
한 기우(최우식 분)를 알아챌까. 그곳에서 기우는 여전히
신분상승을 꿈꾸고 있을까. 아니면 거대한 체제를 무너뜨
리기 위해 반란군 속에 섞여 진격했을까. 〈살인의 추억〉
의 과거와 〈기생충〉의 오늘을 건너, 〈설국열차〉에 몸을 싣
고 질주하는 한국영화 미증유의 테마파크, 여기는 '봉준
호월드'다.

가족테마파크

테마파크 봉준호월드는 처음부터 끝까지, 가족들을 위한, 가족들에 의한, 가족들의 세상이다. 이곳에선 아무도 당신을, 당신의 가족을 지켜주지 않는다. 오로지 믿을 것은 자신뿐. 이곳에선 새끼를 지키려고 아비가 싸우고, 새끼를 구하려고 어미들이 나선다. 분투하는 아비와 어미들을 보면서 자라난 새끼들은 언젠가 '계획'을 갖게 될 것이다.

보통의 우리네 삶이 그렇듯, 여기에서도 대개의 이야기가 아비로부터 비롯된다. 〈살인의 추억〉은 폭력의 시대, 무능한 권력에 대한 이야기이자, 결국은 딸들을 지켜주지 못한 우리 아비들에 대한 이야기다. 폭력적이고 권위주의적이었지만 무능하고 비겁했던 아비들의 시대. 그것의 복기.

〈괴물〉에선 아예 가족이 전면에 나선다. 괴물에 빼앗긴 딸을 구하기 위해 아비가 싸우고, 아비의 형제(삼촌, 이모)가 싸우며, 아비의 아비(할아버지)가 싸운다. 〈살인의 추억〉에선 '형사'라는 국가권력(의 일부)이 진짜의 아비들을 대리해 딸들을 죽인 범인을 찾아 나섰다. 그러나 그들은 실패했고 이제야말로 진짜 아비들이 나설 차례인 것이다. 국가권력은 여전히 불성실하고, 무기력하며, 불량스럽고, 불길하기 때문이다. 진짜 아비들 또한 모자라고, 허둥대며, 우스꽝스러우나 비겁하지 않다. 분투가 계속될수록 못난 아비들은 더 절박해지고, 현명해지며, 강인해진다. 아비의 아비는 목숨을 바쳐 아들을 지켰고, 아비는 딸을 잃었지만 다른 새끼를 거둬들였다.

〈마더〉는 봉준호 영화에서 흔치 않게 어미의 싸움을 다룬다. 살아 있는 것이라면 파리 한 마리도 못 죽일 자식, 좀 모자라지만 한없이 예쁘게 생긴 20대 아들(원빈 분)이 소녀를 끔찍하게 살해했단다. 아들은 그날 밤 일을 기억도 못 한다. 그럴 리가 없다고 아니라고 해봐야 변호사는 돈만 밝힌다. 경찰은 아들에게 수갑을 채우고 사건을 덮었다. 그때부터 어미의 사투가 시작된다. 직접 증거를 모으고, 범인을 찾아 나선다. 그리고 마주하는 충격적 진실들. 관객의 감정은 철저하게 어미의 감정을 따라간다. 처음에는 무기력하고, 그 다음에는 측은하다. 공포에 떨었다가 분노를 터뜨린다. 진짜 범인을 미칠 듯이 잡고 싶었다가 그 다음에는 죽이고 싶어진다. 마지막엔 이 모든 걸 잊고 싶어진다. 남는 것은 하염없는 슬픔이다. 누가 이 가여운 어미에게 돌을 던지랴.

'어머니'는 윤리고, '어미'는 본능이라면 〈마더〉는 '어미의 윤리'를 다룬다. '어미'의 본능과 세상의 율법이 충돌하는 자리에서 빚어진 드라마는 격하다. 정서는 압도적이다. 영화는 '아들의 살인누명을 벗기려는 엄마의 사투', 단 한 줄로 요약되지만 거대한 격랑은 어미의 싸움이 끝나는 바로 그곳에서 일기 시작한다. 영화의 오프닝, 기괴하고 낯설던 어머니의 춤은 엔딩에서 서러운 살풀이가 돼 관객의 가슴에 깊은 파문을 남긴다.

봉 감독의 영화에서는 유독 약간 바보스럽고 모자라 보이는 남자들이 자주 등장한다. 〈살인의 추억〉에서는 용의자 중 한 명인 백광호(박노식 분)가 그렇고, 〈괴물〉에선 주인공인 박강두(송강호 분), 〈마더〉에선 도준(원빈 분), 〈기생충〉에선 지하실의 남자 오근세(박명훈 분)가 그렇다.

특히 〈살인의 추억〉의 백광호, 그리고 〈마더〉의 도준의 운명이 겹친다. 백광호는 "향숙이"라는 대사의 그 청년이다. 그는 동네 정육점집 아들인데, 사건의 용의자였다가 목격자로 신분이 바뀐다. 백광호의 아버지는 젊은 시절 유명한 바람둥이였는데, 불륜을 고자질했다는 이유로 분을 참지 못해 어린 아들을 아궁이에 덮쳐 버렸다. 그 일로 백광호는 화상과 지적 장애를 갖게 됐다. 백광호의 아버지가 모자란 아들을 유독 감싸고도는 이유다. 아들이 연쇄살인 용의자로 붙잡히자 백광호 아버지는 그럴 리가 없다며 울부짖는다.

백광호의 운명은 〈마더〉에서 도준에게 반복된다. 다만 아버지를 어머니로 바꾸고 곁다리 이야기를 큰 줄기로 가져온 것뿐인 듯하다. 〈마더〉에서 어머니 혜자(김혜자 분)는 도준이 어렸을 때 사는 게 너무 힘들어 아들과 동반 자살하려다 실패한 경험이 있다. 영화에서 명시적으로 나오지는 않지만, 도준의 지능이 모자라게 된 이유일 것이다. 도준은 백광호처럼 소녀가 희생된 살인사건 용의자가 된다. 부모의 잘못으로 지적 장애를 갖게 된 청년, 성범죄 살인 사건 용의자. 그리고 부모로부터 받는 끔찍한 사랑과 보호. 아비와 어미의 원죄로부터 비롯된 비극이다.

〈마더〉와 달리 〈설국열차〉에서 아비들의 원죄는 은유적이다. 꼬리 칸의 현인 길리엄(존 허트 분)과 머리 칸의 독재자 윌포드(에드 해리스 분)가 사실은 친구였으며 주기적인 반란이 두 사람 간의 '암약'이었다는 사실이 최후에 밝혀진다. 윌포드는 '설국열차'의 아버지, 길리엄은 꼬리 칸의 아버지와 같은 존재였다.

〈기생충〉에서도 비극의 시작은 아버지의 실패 때문이 었으나 과거와 달리 무능한 아비 대신 '다 계획이 있는' 자식이 나선다.

 # 못난 자들의 영웅적인 싸움과 폭력적인 권력의 무능한 지배

봉준호의 영화는 종종, 그의 첫 단편영화 제목인 〈지리 멸렬〉처럼, 지리멸렬한 것들의 성스러움과 성스러운 것의 지리멸렬함을 증명하는 데 바쳐진다. 〈지리멸렬〉에서는 아침운동을 하면서 남의 문 앞에 놓여 있는 우유를 습관 적으로 훔쳐 먹는 신문사 논설위원과 만취해 길가에서 용 변을 누려다 경비원에게 들키는 엘리트 검사, 그리고 도 색잡지를 즐겨 보는 교수, 이들 세 사람이 TV 프로그램에 출연해 사회문제에 관한 대담을 나눈다.

영화적 흥분 또한 그 역설에서 발생한다. 성의(聖衣) 혹은 법복으로 위장한 존재들이 실상은 하잘 것 없고 비 루하기 짝이 없는 것들이었음이 폭로되는 순간 관객은

웃거나 분노하거나 속시원해한다. 반대로 열등하고 우스꽝스러웠던 존재가 순고한 의도와 행위를 부여줄 때 관객은 안타까워하고 슬퍼하며 감동받는다. 이것은 봉준호의 영화가 매우 사려 깊고 지적인 성찰을 담은 빼어난 정치, 사회적 텍스트이기도 하지만 그 이전에 왜 놀라운 정서적 파괴력을 갖는 대중 영화인가에 대한 해답이기도 하다.

그래서 봉준호 영화는 종종, 못난 자의 영웅적인 싸움을 폭력적인 국가권력의 무능한 행위와 대비함으로써 정치적 비판과 풍자를 이뤄낸다. 〈살인의 추억〉은 평범한 이들에게는 누구보다 강하고 폭력적이지만 범인을 잡는 데는 무능력했던 1980년대 권위주의 시대를 풍자했다. 〈괴물〉은 괴물을 잡는 대신 피해자를 감금하고 통제하는 권력을 보여준다. 〈괴물〉과 〈마더〉에선 얼핏 결핍되고 무능력해 보이는 존재가 경찰을 대신해 스스로를 방어하려고 나선다. 공교롭게도 연속된 세 편 모두에서 소녀는 교복을 입은 채 죽어 간다. 소녀들은 경제적으로 육체적으로 사회의 약자다. 권력은 그들을 보호하지 못한다.

특히 이 중에서도 〈괴물〉은 스스로를 지키기 위한 못

난 자들의 분투와, 폭력적인 권력의 무능한 지배를 가장 극적으로 대비시킨 작품이다.

〈괴물〉 초반부에 제시되는 박강두(송강호 분)의 모습은 모자라기 때문에 우스꽝스럽다. 하지만 그가 괴물에 잡혀간 딸이 살아 있다고 하소연하고 국가가 이를 외면할 때 관객은 더 이상 웃지 못한다. 모자란 인간의 가슴속에 있는 것이 실상은 진실과 진심이고, 과잉된 권력체계 속에서 작동하고 있는 것이 거짓과 왜곡이라는 사실을 관객이 두 눈으로 목격하기 때문이다. 관객의 가슴에 웃음 대신 안타까움과 답답증, 분노가 들어선다.

강두와 가족들은 괴물과 악전고투를 벌여가면서 단련되고 유능해지며 비장해진다. 박강두의 아버지(변희봉 분)와 동생 남일(박해일 분), 누이동생 남주(배두나 분), 딸 현서(고아성 분) 등은 대체로 희극적으로 등장했다 비장하게 퇴장한다. 반면 군병력 출동으로 거창하게 등장한 국가권력은 갈수록 시시해지고 무력해지며 우스워진다.

괴수영화이자 재난영화로서 〈괴물〉의 어떤 대목은 '코로나 19의 시대'를 맞은 지금(2020년 3월) 더욱 의미심장하다. 재난이 닥쳤을 때 국가와 공동체가 해야 할 일은 무엇일까. 그것은 재난의 실체를 밝히고 근원을 없애며 국민과 공동체 구성원들을 구조하고 보호하는 것이다. 그러나 잘못된 권력은 재난의 원인을 은폐하며, 근원을 차단하지 못하고, 국민과 공동체를 분열시킨다. 어떤 지역이나 집단, 계층을 공동체로부터 차단하고 격리시킴으로서 그들이 재난과 감염의 원인일 수 있다는 왜곡된 주장을 은연중 혹은 공공연히 퍼뜨린다. 코로나19 사태 때 일부 국가의 조치가 이와 같았다.

그것은 재난영화에서 흔히 정부나 국가권력을 그리는 방식이기도 하다. 제약사의 비리 탓에 좀비 바이러스가 확산된다는 내용의 한국 영화 〈부산행〉이 대표적이다. 영화 속 국가권력은 재난이나 전염병이 닥쳤을 때, 특정한 집단이나 계층을 '원인'으로 지적해 격리하고 차단하고 봉쇄함으로써 국가권력 스스로의 무능과 부정을 은폐한다.

〈괴물〉에서 국가권력은 한강의 괴물 출현이라는 재난이 터지자, 즉각 대규모 군병력을 동원해 국민에게 힘을 과시한다. 이는 국민에게 국가가 무엇인가 하고 있다는 것을 보여주는 제스처이자, 혹시 모를 국민적 저항과 반란을 가차 없이 진압하겠다는 의지를 보여준다. 주한미군은 '(괴바이러스의 정체를) 본국의 승인 없이는 알릴 수 없다'고 발언하고, 강두가 딸을 찾으려고 요구한 휴대폰 번호추적을 공무집행자들은 '아무에게나 허용되는 것이 아니'라고 한다. 이는 국가권력의 부정과 무능, 진실을 은폐하면서도 국민들에게 권력의 권위를 보여주고 과시하는 행위다.

요컨대 〈괴물〉은 결국 국가주의에 대한 절망과 민중의 자구(自求) 혹은 자위(自衛)에 대한 믿음을 극적으로 대비시킨다. 그것을 한편으로는 '싸는 것'과 '먹(이)는 것'으로 대비해서 보여준다. 봉준호 감독의 설명에 따르면 권력 혹은 시스템이 포름알데히드를 방류하는 것부터 후반에 에이전트 옐로우(방역제)를 살포하는 것까지 싸는 것, 곧 배설의 악순환 고리로 이뤄져 있다면, 박강두와 딸이 그 어디쯤 놓인 개인의 고리는 먹(이)는 것, 곧 보호(양육)자가 되는 동시에 피보호자가 되는 선순환구조로 이루어져 있다.

웰컴 투 봉준호월드

〈설국열차〉가 '고장난 자본주의'의 미래에 관한 묵시록이라면, 〈기생충〉은 '정상적 자본주의'의 현재에 대한 암담한 비평이다. 달리 말하자면, 〈기생충〉이 봉준호가 쓰는 《자본론》이라면, 〈설국열차〉는 봉준호가 쓰는 《멋진 신세계》일 것이다.

기업과 기업가가 중요하게 등장하는 작품으로는 〈설국열차〉와 〈옥자〉, 〈기생충〉이 있다. 이 중 〈옥자〉가 다국적 기업의 반생태적, 반인륜적 행태에 대한 가벼운 풍자와 비평을 담고 있다면 〈설국열차〉와 〈기생충〉은 불평등과 양극화에 대한 훨씬 비극적이고 비관적인 인식을 보여주고 있다.

〈설국열차〉에선 아예 기업이 세계를 지배한다. 빙하기가 닥친 지구에서 영구엔진을 달고 끊임없이 질주하는 열차는 교통·운송 전문기업인 윌포드 인더스트리가 만든 것이다. 세계의 유일한 국가이자 인류의 유일한 거주지인 열차의 최고지도자 또한 윌포드 인더스트리의 창업자인 윌포드다. 기업이 곧 정부이며 기차가 곧 국가다. 열차의 각 칸은 머리 칸부터 꼬리 칸까지 계급별로 철저히 구분

돼 있다.

영원히 멈춰선 안 되는 열차의 꼬리 칸 인간들은 바퀴벌레를 짓이겨 만든 단백질 덩어리로 굶주림을 채우고, 머리 칸 인간들은 초호화 식당 칸에서 바이올린 연주를 들으며 스테이크를 썬다. 그들은 수영장 칸의 물에 몸을 담그고, 식물 칸의 정원을 거닐며, 매일 클럽 칸에서 술과 마약으로 흥청대는 파티를 연다. 2031년 인류 최후 생존자들이 탑승한 열차는 오늘의 세계를 그린 축도다.

설국열차는 '실패한 권력'으로부터 출발했다. 환경단체들의 반대에도 불구하고 지구온난화를 막기 위해 세계 각국이 새롭게 개발한 약품을 지구 전역에 뿌렸기 때문에 새로운 빙하기가 닥친 것이다. 이곳은 엄격한 계급사회이자 철저한 통제와 독재체제다. 영화는 꼬리 칸의 반란군이 머리 칸을 향해 진격하는 과정과 마지막 머리 칸의 엔진룸에서 밝혀지는 비밀에 초점을 맞춘다. 이 작품은 반란군이 열차의 심장인 엔진룸을 향해 진격하듯, 새로운 계급사회라 할 수 있는 현대 자본주의에 에두르지 않고 '돌직구'를 던진다. 이 작품은 봉 감독의 전작들(〈살인의 추억〉, 〈괴물〉, 〈마더〉)이 가진 공간적, 시대적, 사회적 경계와 제약을 뛰어넘어, 한국 영화로서 세계의 보편적 이슈를 징면에서 디룬 첫 자품이 됐다. 〈기생충〉의 탄생을 예고한 작품이라고 할 것이다.

〈기생충〉은 역설적이게도 〈설국열차〉에 비해 매우 제한된 국적과 공간, 시대, 언어, 제작비를 가지고도 〈설국열차〉보다 훨씬 뛰어나게 양극화와 불평등이라는 세계 보편의 주제를 담아냈다. 〈기생충〉은 세계적인 스타가 포함된 다국적 출연진도, 칸칸마다 다르게 장식된 무려 스물여섯 개의 기차 칸도 필요 없었다. 4인 가족 둘과 2인 가족 하나로 이루어진 한 지붕 세 가족, 그리고 2층짜리 대저택과 반지하 셋방이면 충분했다.

〈설국열차〉의 설교하는 독재자도, 총을 든 군인들도, 애들에게 주입하는 세뇌교육도 필요없었다. 〈기생충〉에는 나쁜 것도, 나쁜 사람도 없다. 우리 사회 최상류층인 박 사장(이선균 분)에겐 어떤 죄도 잘못도 없다. 꼭대기에 사는 그들에겐 어떤 불법행위의 여지도, 도덕적 하자도 발견되지 않는다. 그것은 봉 감독의 대학 선배이기도 한 임상수 감독이 몇 년 전 내놓은 두 편의 영화 〈하녀〉 혹은 〈돈의 맛〉과 갈라지는 지점이다.

〈기생충〉에서 글로벌 IT기업 대표 박 사장은 〈돈의
맛〉의 대기업 오너 윤 회장(백윤식 분) 혹은 〈하녀〉의 젊은
기업 후계자 훈(이정재 분)과는 종자와 태생이 근본적으로
다르다. 윤 회장과 훈의 부(富)는 개발독재와 정경유착, 신
분세습과 부당상속의 결과다. 임 감독의 두 영화가 관심
을 둔 것은 윤 회장과 훈 일가의 범법·폭력·기형·변태적
행태와 습성이었다. 그것은 자본주의의 왜곡된 형태로서
의 천민 자본주의, 한국 자본주의였다.

반면, 〈기생충〉에 나온 박 사장의 예술적 대저택, 건축
가 '남궁현자'가 설계한 현대식 건축물에는 범법이나 부
패, 불륜 같은 '적폐의 망령'이 들어설 여지가 없다.

〈기생충〉의 박 사장네는 근세의 대사처럼 '리스펙트'
해도 좋을 대상이다. 누구에게나 친절하고 사려 깊으며
세련된 매너를 보여주니 말이다. 반면, 도덕적으로 타락하
는 쪽은 지하의 하류계층이다. 박 사장네는 가정부, 기사,
과외교사를 정당하게 고용하고 정중하게 대우하지만, 정
작 하류계층은 사기, 절도, 문서위조, 무단침입 등의 각종
범죄를 저지른다. 심지어 '밑바닥'의 그들은 서로 '밥그
릇'을 빼앗으려고 싸우고 결국 살인까지 저지른다. 이들

범죄는 우발적인 살인을 제외하고는 대부분 '찌질한' 형태지만 '생계형'이라는 점에서 비극적이다

요컨대 〈기생충〉은 무대도, 재현의 대상도 지극히 '정상적인 자본주의'다. 이 영화는 지극히 정상적인 자본주의가 만들어낸 인구의 지리적 분포와 관계, 공간과 자원의 배분을 우화적으로 다룬다는 점에서 곧 '부의 지리학'이다. 그것은 〈설국열차〉가 그려낸 '고장 난 자본주의'의 묵시록을 뛰어넘는다. 21세기의 자본주의는 고장 나서가 아니라, 정상적으로 작동하기 때문에 비극적이다. 정상적인 자본주의는 성공의 신화 한편으로 비극을 끊임없이 확대 재생산하는 것이다.

〈기생충〉에서는 그 누구도 끔찍한 비극을 맞을 만한 원죄를 갖고 있지 않다. 그러므로 파국의 원인과 해결책은 박 사장의 대저택이나 기택의 반지하 바깥에 있다고 할 것이다. 비가 낭만적으로 쏟아지는 대정원과 폭우에 똥물이 솟구쳐 오르는 지하 화장실, 그 너머에 말이다.

〈기생충〉은 우리가 살아가는 매일, 특별히 잘못된 것 없고, 특별히 나쁜 놈이 없는 일상, 그 속에 배태된 사회적 비극을 가장 평범한 인간들의 가장 극적인 드라마로 만들

어냈다. 그러니까 당신이 오늘 한 번이라도, 잠깐이라도 울분과 냉소 따위를 느껴 봤다면, 봉준호월드에 입장할 자격을 얻은 것이다. 그 안에서 비뚤어진 마음의 어드벤처를 맘껏 즐길 준비가 된 것이다. 웰컴 투 봉준호월드.